「A4一枚評価制度」から
人事制度全体の構築へ

「A4一枚」賃金制度

人事コンサルタント
社会保険労務士
榎本あつし

アニモ出版

はじめに

「Ａ４一枚評価制度から人事制度全体の構築へ」

　本書を手にとっていただき、まことにありがとうございます。人事コンサルティング会社の株式会社MillReefの代表で、社会保険労務士の榎本と申します。2016年の８月に、この本と同じアニモ出版様から『Ａ４一枚評価制度』を出版させていただきました。

　おかげさまで、いまでも読者の方からメッセージが届き、中小企業の経営者や人事部門の担当者、また人事評価制度の構築を仕事としているコンサルタント、専門の士業の方などにご活用いただいています。

　それらのメッセージのなかで、たくさんいただいたご意見・ご要望が、

　「このＡ４一枚評価を使って、中小企業向けの等級制度や賃金制度などの人事制度全体を構築するにはどうしたらよいのか」

　というものでした。

　私が実際に企業に導入する場合も、評価制度だけではなく、「等級制度」や「賃金制度」も作成して、その会社に「人事制度」として構築することが大半を占めます。

　前著の『Ａ４一枚評価制度』は、その企業の「人事制度」の一部でしかなかったわけです。

　実際にいま構築している、中小企業向けの「等級制度」や「賃金制度」も、いつか世に出していきたいと思っていたところ、再びアニモ出版様より出版していただける機会をいただき、今回の運びとなりました。

　この機会に、私自身が企業に導入しているこれらの制度について、この本を通じて余すことなくお伝えしたいと思っています。

人事制度へのニーズが高まっている

　ここ数年「人事制度」を導入したい、検討しているという企業がとても増えてきています。それも小さな規模の会社です。

　以前は人事制度といえば、ある程度の人数が在籍している企業が導入するもの、従業員が多くて目が届かなくなってきたら導入するもの、というような認識が強く、そこそこ大きい企業になってから考える、というものでした。

　しかし、最近は従業員の人数にかかわらず、いや、むしろ小さな規模である中小企業こそが、どんどん導入をしはじめているという状況になっています。

　実際に弊社のお客様でも、一番少ないところでは社員がなんと2名！　その2名のための人事制度を運用しています。その他、5名程度、10名程度のお客様も多数あり、50名未満である企業が弊社のメイン顧客層です。一昔前でしたら、これらの規模の企業には人事制度は必要ないとされていました。

　なぜ、以前とは違い、これらの規模の企業が人事制度の導入に動いているのでしょうか。

　それは、**人事制度の「目的」が変わってきたからです。**

　いままでは、「給与を決めるため」「公平な査定をするため」という目的が多くを占めていました。

　そこから、「人材の定着のため」「動機づけのため」「人材育成のため」という目的に変わってきたのです。

　人材不足が叫ばれ、どの企業もなかなか人を採用できない、定着してもらわなければならない、育成をしていかなければならない、という直面している問題に対して、その解決策として「人事制度」を活用しよう、という方向に、目的がシフトしてきたのです。

　「人事制度」は、ちゃんと効果のあるつくり方・運用をすれば、本当にこれら「採用」「定着」「育成」の目的につながる、とても優れた人事施策です。従業員数や企業規模に関係なく、ぜひ取り入れ

3

るべきものです。しかし、大事なのは「ちゃんと効果のあるつくり方・運用をすれば」という前提。残念ながら、中小企業ではこの前提ができておらず、つくったはいいが、実際には効果がでていない、というところがとても多くなっているのです。

中小企業には、専任の「人事」担当者はなかなかいません。

総務や経理などの兼任、もしくは社長がすべてをやっている、というような状況がほとんどです。毎日の数字の処理やお客様対応などに追われ、すぐに結果が出ない「人事制度」の運用はどうしても後回しになりがちです。これを「ちゃんとやらない企業が悪い」とコンサルタントがいっても、無責任な話。中小企業のそのような実態がわかったうえで、運用ができて効果が出るような制度にして、運用が継続できるようなしくみを備えなければならないのです。

中小企業には中小企業に合った人事制度が必要

「中小企業には中小企業に合った人事制度」——当たり前のことのはずですが、これが意外と見当たりません。もともとが、人事制度はある程度の規模の会社に必要なものであり、それくらいの規模の会社が導入してきて、いままで積み重ねてできているものだからでしょうか。

「ちょっと本を読んでみたけれど、けっこう難しい…」

前述したように、中小企業には、専門で人事制度を運用するという部門や担当者はなかなか置けません。そうでなくても、きちんと回るような制度にしておく必要があります。

また、これは運用の手間だけではなく、賃金に関しても同様です。

中小企業には大企業とは異なる、非常に柔軟で、継続運用できるための**シンプルな賃金制度**が必要です。

毎年必ず給与が上がるようなベースアップや定期昇給のしくみができるかというと、これはなかなか難しい話。大企業ほど売上や利益は毎期安定せず、その時その時で状況は変わります。

賞与に関しても、必ず2か月分を支給などというように固定する

こともなかなかできないのです。

また、「**等級制度**」についても同様です。

中小企業は、中途で入社してくる社員が多くを占めます。新卒で入社して、最初の3年間は研修や育成で…、というような社員教育モデルはなかなかつくれません。定年まで年功で上がっていくような等級設定も、現実的ではないのです。

中途で入ってきた社員でも、これからの自分がこの会社でどうなっていくのか、その将来を見ることができる等級制度を示してあげることが大事なのです。

今回、実際に導入している「賃金制度」「等級制度」、そして兼任の担当者であっても運用できるような総合的な「中小企業向けの人事制度」をこの本にまとめました。

ぜひ、人事制度の策定に悩む中小企業の経営者、人事担当者、そしてそれらの企業に導入する立場のコンサルタント、社会保険労務士、中小企業診断士等の方々のお役に立てればと思っています。

「同一労働・同一賃金」への対応

もう一つ、大事なことがあります。令和に入って大きな労働関連の法改正の一つである「同一労働・同一賃金」の問題です。

この本では、アルバイト・パートタイマーや契約社員などにも対応できる人事制度を解説しています。このような雇用形態の社員にも適用できる人事制度にしていくことで、この法改正へも対応できるようになります。

業界によっては、これらの形態の社員が多数を占める場合もあるかと思います。対応するだけではなく、それらの方に魅力と感じてもらう要素として、ぜひ本書で紹介する人事制度を取り入れてはいかがでしょうか。

2019年11月　　　　　　　　　　　　　　　　　榎本　あつし

「Ａ４一枚」賃金制度
も く じ

はじめに——「Ａ４一枚評価制度から人事制度全体の構築へ」 2

1章 中小企業に最適な人事制度とは

1-1 中小企業に最適な「人事制度」を構築しよう —— 14
なぜ「人事制度」は必要なのか
人事制度は何のために構築、導入するのか
いかに「ゆるく」「あいまい」にできるかが継続のカギ
「満足度」は期待値を上回るか下回るかで決まる

1-2 どんな賃金制度をつくればよいのか —— 20
明確な賃金表は是か非か
号俸表に縛られると評価を調整してしまう
運用が大変なのではなく、「お茶を濁す」のが大変

1-3 中小企業に最適な「等級制度」とは？ —— 25
等級制度にはどんなものがあるか
役割等級制度はなぜおススメなのか

1-4 「評価制度」は運用重視でシンプルに —— 29
やはり「Ａ４一枚評価制度」が一番！
目的重視で評価制度を構築する

1-5 「魅力ある会社」にするために —— 31
働こうとする人に選ばれる制度の構築を
人事制度は手段であり、ツールでしかない
☕ **Break time** 制度で人は動かない？ 34

2章 同一労働・同一賃金に対応する「役割等級制度」をつくろう

2-1 中小企業に最適な「役割等級制度」を構築しよう —— 38
等級制度の構築のしかた

2-2 3種類の等級制度のそれぞれの特徴 —————————— 40
実際にどんな等級制度が利用されているか

2-3 旧来の日本型「職能等級制度」のメリット・デメリット — 42
終身雇用・年功序列ならマッチする制度

2-4 欧米型の「職務等級制度」のメリット・デメリット —— 44
職務の難易度で給与が決まってくる
職務等級制度が中小企業にマッチしないワケ

2-5 いいとこ取りの「役割等級制度」のメリット ——————— 48
職能等級制度と職務等級制度のいいとこ取り／「役割」とは何か

2-6 「役割等級制度」のつくり方 —————————————————— 52
まず作成手順を理解しておこう

2-7 役割等級制度の作成①
…会社内での職種を分ける —————————————————— 54
職種はシンプル＆大まかに設定

2-8 役割等級制度の作成②
…社員をいくつかの段階に分ける —————————— 57
上級、中級、初級に分けてみる／等級設定のしかた

2-9 役割等級制度の作成③…
それぞれの段階の役割定義をつくる ——————— 61
どのように定義化するのか

2-10 役割等級制度の作成④
…段階をさらに何分割かに分ける ——————————— 63
各段階をさらに3段階ぐらいに分ける

CONTENTS

2-11 役割等級制度の作成⑤…
　　　　職種と段階を組み合わせる（完成）──── 68
縦のラインと横のラインを組み合わせる

2-12 同一労働・同一賃金に対応する「非正規社員」の等級 ── 70
契約社員やアルバイトなどの等級はどうするか

　☕ **Break time**　道徳と経済と寝言と罪悪　74

3章 運用を継続しやすい 「範囲給制度」をつくろう

3-1 「範囲給制度」の構築のしかた ──────── 78
なぜ範囲給制度が最適なのか

3-2 範囲給制度のメリットとは ───────── 81
人事制度を運用する側のメリットとは何か
固定給制度がうまくいかないワケ
社員1人ひとりの実績を反映できる

3-3 「重複型」「接続型」「開差型」のどれを採用するか ── 84
範囲給制度の等級の境をどうするか
なぜこのパターンをおススメするのか

3-4 等級と職種ごとの範囲給を設定しよう ───── 89
職種に応じても給与を設定していく

3-5 「基本給一本」か「基本給＋職種給」か ───── 94
給与の中身を検討しよう／職種給を設定したほうがベター

3-6 「積み上げ型」と「洗い替え型」のどちらを採用するか ── 98
「積み上げ型」が一般的

3-7 各種手当にはどんなものがあるか ─────── 100
どんな目的で支給するのか／基本給と各種手当の支給割合は？
契約社員「C」とパートタイマー「P」の手当は？

3-8	「固定時間外手当」の考え方 —— 105

毎月発生する残業時間をあらかじめ見込んでおく

3-9	賞与の決め方 —— 107

支給時期、算定期間、算出方法を決めておく

3-10	賃金制度の体系をまとめると —— 108

賃金体系をきちんと運用するのが賃金制度

☕ **Break time** 評価は賃金と連動させない？ 110

4章 効果抜群の「Ａ４一枚評価制度」をつくろう

4-1	「Ａ４一枚評価制度」を構築しよう —— 114

なぜ「Ａ４一枚評価制度」をおススメするのか

4-2	「Ａ４一枚評価制度」とは？ —— 116

「Ａ４一枚」であることの意義
シンプルだけど楽ではない

4-3	Ａ４一枚で「行動コスト」を抑える —— 118

「行動コスト」とは何か

4-4	評価する項目は大きく３つ —— 121

３つの評価項目とは／「成果・達成」項目
「役割・スキル」項目／「姿勢・態度」項目
「特別ポイント」の設定

4-5	評価シートは何種類になる？ —— 128

役割等級表にもとづいて何種類になるか検討する

4-6	Ａ４一枚評価制度の作成手順 —— 130

５つのステップにもとづいて進める

4-7	作成手順①…「社長が好きな人」を考える —— 132

「えこひいき」は堂々とやりましょう

CONTENTS

4-8 作成手順②…社員に求めるスキルは何かを考える — 134
必ず「役割定義」を転記する

4-9 作成手順（特別編）…
ヒントとなるコンピテンシーリスト ——————— 136
評価項目を決める際の参考になる

4-10 作成手順③…今期の会社の「成果目標」を考える - 140
部署が多い場合は部署ごとの「組織の目標」も

4-11 作成手順④…個人目標をつくってもらう ——————— 142
成果を検証するために具体的な内容で設定する

4-12 作成手順⑤…Ａ４一枚評価シートに落とし込む — 144
変更するための候補項目も準備しておく

4-13 Ａ４一枚評価シートの工夫点 ————————————— 146
「Ａ４一枚評価シート」には４つの工夫点がある

☕ **Break time** ネーミングは自由に 152

**5章 評価結果を反映した
給与・賞与制度のつくり方**

5-1 給与・賞与・昇降格への評価結果の反映のしかた — 154
ポイント制の給与・賞与制度とは

5-2 個別の評価結果の点数化のしかた ————————————— 156
100点満点の評価点に換算する

5-3 「その他」の扱いをどうするか ——————————————— 161
反映のしかたはそれぞれの会社で判断を

5-4 総合評価に「等級」の違いを反映させてもよい — 162
等級に応じて項目の比率を変える

5-5 ポイント制給与の決め方 ——————————————————— 164
給与改定に反映させる評価項目は何か

「給与改定ポイント表」を作成する

ポイント制はなぜ効果的なのか

5-6　ポイント制給与のメリット・デメリット —— 169

人事評価制度の目的に合致する評価ができる

5-7　ポイント制賞与の決め方 —— 170

どの評価項目を対象にするか

ポイント制にもとづいて賞与を決める手順

5-8　ポイント制賞与のメリット・デメリット —— 174

全体の賞与原資をオーバーすることがない

5-9　等級の昇降格へ反映させる —— 175

通期評価のどの評価項目を使ったらよいか

5-10　降格の基準は必要か —— 179

なぜ評価結果によって降格させるのか

5-11　トライアル期間を設けよう —— 181

導入初年度から換算表などを確定させない

☕ **Break time　大きな壺の話**　182

6章　成功するための人事制度の運用方法

6-1　人事制度は運用が大事 —— 186

運用がうまくいっているとは、どういうことか

6-2　運用がうまくいくための5つの工夫 —— 187

年間の運用スケジュールをみておこう

6-3　運用のパワーバランスを見直す —— 189

期初、期中、期末それぞれの運用実態は

6-4　運用がうまくいくためのサポートシート —— 192

サポートシートとはどういうものか

CONTENTS

部下が提出することに意味がある

6-5 **目標設定と評価は期日方式ではなく「その時方式」で** ― 195
なぜ「その時方式」がよいのか

6-6 **本人評価と上司評価は同時に別に実施する** ─── 196
実際にうまくいくための工夫の一つ

6-7 **評価者のスキルを向上させる** ───────── 197
人事評価制度を導入していれば、必ずやるべきこと

☕ **Break time** 　浸透曲線とは　198

まとめ
の章　**Ａ４一枚シート**
　　　＆人事制度概要書のサンプル

1　**Ａ４一枚等級制度**　201
2　**Ａ４一枚賃金制度**　202
3　**Ａ４一枚評価制度**　203
4　**Ａ４一枚サポートシート**　204
5　**サンプル資料…人事制度の説明資料**　205〜218

各種資料のダウンロードアドレス　219

おわりに　220

カバーデザイン◎水野敬一
本文ＤＴＰ＆図版＆イラスト◎伊藤加寿美（一企画）

中小企業に最適な人事制度とは

1-1 中小企業に最適な「人事制度」を構築しよう

なぜ「人事制度」は必要なのか

　これからは、**中小企業にこそ「人事制度」が必要**です。なぜなら「人事制度」を導入することで、「**魅力ある会社**」にしていくことができるからです。

　労働力人口が減少している日本では、人材市場は完全に売り手市場となり、もはや企業は「なんとかして選んでもらう側」になっています。少ない若手の人材の奪い合いなのです。

　いまの日本の人口構成をみると、今後、過去にあったような企業側が採用者を選ぶ立場である買い手市場になることはまず期待できません。人がほしい、人を定着させたい企業には、ますます厳しい競争を勝ち抜かなければいけない状況へと進んでいくことは間違いなさそうです。

　そのような人材市場のなか、中小企業が選んでもらうためには何をする必要があるのでしょうか。

　その一つの解答が「**人事制度を導入する**」です。

　しかし、「人事制度」といっても、なんだか大きすぎて、ぼんやりしていてよくわからないという人も多いのではないでしょうか。

　ざっくりとわかりやすくいうと、人事制度とは「**等級制度**」「**賃金制度**」「**評価制度**」の３つのことです。これらがそれぞれ連動して、一つの「人事制度」になっているといえば、なんとなくつかめてくるのではないでしょうか。

　まず「等級制度」とは、社員の立ち位置を決める制度です。新人なのかベテランなのか、一般社員なのか管理職なのか。もしくは知識や技術、仕事を遂行する力において何段階目ぐらいなのか——それぞれ、どこに立っているのかを区分しているのが等級制度です。

14

◎人事制度を導入することのメリット◎

人事制度（特に本書の人事制度）というツールがもたらすもの

①社員が将来を見ることができるようになる
②会社も社員も成長できるようになる
③社員の動機づけにつなげることができる
④同じ方向を向いて仕事ができるようになる
⑤管理者のマネジメント能力を伸ばすことができる
⑥給与・賞与の決め方をつくることができる
⑦同一労働・同一賃金に対応できるようになる

　この「等級制度」が枠組みとなり、その等級だったら基本給はいくらになるのか、などを決めることが「賃金制度」になり、その等級に応じた評価を実施していくのが「評価制度」になります。
　この3つをつくっていくことが、「人事制度」を構築することとなるわけですね。

人事制度は何のために構築、導入するのか

　これらの制度はあくまで手段ですので、これを導入し、使っていく先の目的があるわけです。まずは、それをしっかりと理解してお

きましょう。

　特に、この本で紹介する「Ａ４一枚」による等級制度や賃金制度、それに私の前著である「Ａ４一枚評価制度」を導入すると、前ページ図のようなメリットをもたらすことができます。

　これだけのメリットを実現するとは素晴らしい！　本当なのだろうか？　と、思われるかもしれませんが、嘘偽りなく本当にこれらが実現していきます。

　ただし、実現するためには条件があります。それは、ちゃんと「運用する」ことです。制度だけつくっても、一つも実現しません。それも、**「正しく運用する」**ことという大きな条件が付いているのです。

　しかし、この「運用」ができていない会社のなんと多いことか。制度はつくったものの運用しなくなっている会社、もしくは、なんとなく運用はしているけれど、効果がほとんど実感できない会社、いわゆる人事制度が形骸化している会社がとても多いのです。

　特に、中小企業はこの傾向が顕著です。なにせ、人事制度の運用をリードする専門部署を設けることなんてできません。専任の担当者も置けません。総務や経理などの部署の人が兼務で見る、もしくは経営者がたくさんの業務のなかの一つとして司る会社がほとんどです。

　また、中小企業は、大企業ほど安定して事業を運営していくことは難しいでしょう。時期によって、業績の上下幅の影響が大きいのが中小企業です。好調のときもあれば、不調のときもある。作成した賃金制度どおりに支給できなくなってしまうことがでてきます。

　中小企業は、人事制度を運用していくなかで次の２つの大きな壁にぶつかって、止まってしまうのです。

　①「制度の運用の手間」
　②「制度どおりに給与が決められない」

◎中小企業の超えられない２つの壁◎

制度どおりに給与が決められない

制度の運用の手間

　この２つの壁を乗り越えるためにはどうしたらよいのか。その一つの解答が、本書でこれから紹介する「Ａ４一枚」の賃金制度・等級制度なのです。

いかに「ゆるく」「あいまい」にできるかが継続のカギ

　人事制度は、「ゆるく」「あいまい」にすると、運用がうまくいく…。いやいや、「ゆるく」「あいまい」になんて、人事制度では一番やってはダメなのではないの？　と思われるかもしれません。

　でも、恐れずにこれを堂々とやることが、運用を継続して効果を発揮するカギなのです。

　もちろん、適当に手を抜いた結果、ゆるくなってしまう、あいまいになってしまっている…というのはダメです。それはただ「やっていない」だけです。

　そうではなく、目的と意図を明確にして、「狙って」ゆるく、あいまいにして、運用していくのです。

　具体的には、**硬直化した昇給制度や賞与制度はつくらずに**、その

17

ときの会社や部署の業績によって、給与や賞与が連動するような賃金制度を採り入れます。

また、**等級は細かく設定しないで**、おおまかな役割に応じた3段階ぐらいの等級制度にします。

評価項目も、詳細な職務分析などはせずに、「このようなことをやってほしい」「こんなスキルを身につけてほしい」というものをつくり、毎期、状況に合わせて変えられるように、まずはゆるくスタートします。

目標管理制度に関しても、期の途中に変更や方向転換することがOK！ となるような制度にします。

制度をつくる際に、細かいところまでかっちりと固めてしまうと、変更することを避ける運用になっていきます。実際の運用においては、臨機応変に、融通を利かせられるものにしておくことにより、結果として継続できるようになり、そのなかで効果が出てくるのです。

一見、きっちりと決めて、それを社員に示さないと納得性が低くなるのではないか、あいまいなままでは、会社に対して不信感がでてしまうのではないか――と、疑問に思われることでしょう。

しかし、よくよく考えてみてください。社員が会社に対して一番不満に思うことは何か、どのようなときか。それは、「上げると言われたにもかかわらず、上がらなかった」ときなのです。

📝 「満足度」は期待値を上回るか下回るかで決まる

大企業のような賃金制度をつくり、給与額が上がっていくような賃金表を見せて、社員の期待ばかり膨らませておいて、実際には「業績が悪いので、今回は適用しない」となるのは最悪です。

期待だけさせておいて、裏切る…。これが一番不満につながり、信頼を失う最悪のやり方です。

人が満足に思うか不満足に思うかは、絶対値ではなく相対値、つまり**期待に対して上回るか下回るかで決まります**。

◎満足度、不満足度は何で決まる？◎

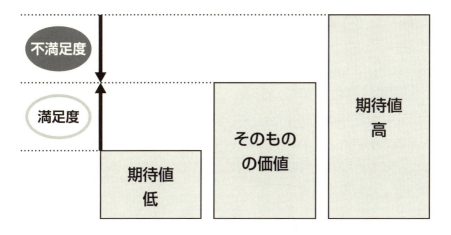

　たとえば、「明日、誕生日だね。プレゼントを用意しているよ！」と言われて、期待値が高まっているときにもらった１本のバラと、何も言われていなくてサプライズで「誕生日おめでとう！」ともらう１本のバラでは、嬉しさが大きく違うことでしょう。

　ネットで評判の専門ラーメン店で１時間並んで食べたラーメンが、そこそこおいしいのにあまり満足できず、たまたま入った普通の食堂で頼んだラーメンがそこそこおいしいと満足度が高くなるのも同様です。

　人は期待値という基準に比べて、それを上回るか下回るかで満足度が決まるのです。

1-2 どんな賃金制度を つくればよいのか

📝 明確な賃金表は是か非か

　賃金制度について考えてみましょう。

　評価が何点だったら賃金はいくら上がる、というように金額が明確に記載されている明確な賃金表というものがあります。たとえば、次ページのような賃金表です。

　これは、比較的大きな企業などを中心に採用されている「**号俸表**」です。どのような評価をされたら、〇〇号俸上がって、その場合の昇給額はいくらになる、と明確に示している表です。

　このようなものを社員に示すと、たしかに社員は、自分がどれだけの評価を得れば、いくら上がるのかが明確にわかります。

　このような表を社員にオープンにして、自分の給与がどれくらい上がるのかを見てもらうことによって、モチベーションにつながります、ということを、人事コンサルタント会社からアドバイスされることも多いかもしれません。

　なんとなく、公明正大で公平性や納得性も打ち出せるような気がして、これを取り入れるという企業も多くあることでしょう。

　しかし、この表が**中小企業の首を絞める**ことになるのです。金額がはっきりと示されているので、目が「お金」になる…とまでは言いませんが、社員は、これくらいの金額になるだろう、という期待をもって見ることになります。

　そして、このような表を使うということは、必ずこの表のとおりに支給できるということが守られることが大前提になります。

　「今年は業績が非常に厳しく、赤字になってしまいそうだ。社員の給与を上げることは難しい…。しかし、人事評価を実施したとこ

20

◎段階的な「号俸表」の一例◎

号俸	1等級	2等級	3等級	4等級	5等級	6等級	7等級
ピッチ	700	1,100	1,700	2,500	3,500	4,700	6,100
1号俸	167,000	190,800	228,200	286,000	371,000	490,000	649,800
2号俸	167,700	191,900	229,900	288,500	374,500	494,700	655,900
3号俸	168,400	193,000	231,600	291,000	378,000	499,400	662,000
4号俸	169,100	194,100	233,300	293,500	381,500	504,100	668,100
5号俸	169,800	195,200	235,000	296,000	385,000	508,800	674,200
6号俸	170,500	196,300	236,700	298,500	388,500	513,500	680,300
7号俸	171,200	197,400	238,400	301,000	392,000	518,200	686,400
8号俸	171,900	198,500	240,100	303,500	395,500	522,900	692,500
9号俸	172,600	199,600	241,800	306,000	399,000	527,600	698,600
10号俸	173,300	200,700	243,500	308,500	402,500	532,300	704,700
11号俸	174,000	201,800	245,200	311,000	406,000	537,000	710,800
12号俸	174,700	202,900	246,900	313,500	409,500	541,700	716,900
13号俸	175,400	204,000	248,600	316,000	413,000	546,400	723,000
14号俸	176,100	205,100	250,300	318,500	416,500	551,100	729,100
15号俸	176,800	206,200	252,000	321,000	420,000	555,800	735,200
16号俸	177,500	207,300	253,700	323,500	423,500	560,500	741,300
17号俸	178,200	208,400	255,400	326,000	427,000	565,200	747,400
18号俸	178,900	209,500	257,100	328,500	430,500	569,900	753,500
19号俸	179,600	210,600	258,800	331,000	434,000	574,600	759,600
20号俸	180,300	211,700	260,500	333,500	437,500	579,300	765,700
21号俸	181,000	212,800	262,200	336,000	441,000	584,000	771,800
22号俸	181,700	213,900	263,900	338,500	444,500	588,700	777,900
23号俸	182,400	215,000	265,600	341,000	448,000	593,400	784,000
24号俸	183,100	216,100	267,300	343,500	451,500	598,100	790,100
25号俸	183,800	217,200	269,000	346,000	455,000	602,800	796,200
26号俸	184,500	218,300	270,700	348,500	458,500	607,500	802,300
27号俸	185,200	219,400	272,400	351,000	462,000	612,200	808,400
28号俸	185,900	220,500	274,100	353,500	465,500	616,900	814,500
29号俸	186,600	221,600	275,800	356,000	469,000	621,600	820,600
30号俸	187,300	222,700	277,500	358,500	472,500	626,300	826,700
31号俸	188,000	223,800	279,200	361,000	476,000	631,000	832,800
32号俸	188,700	224,900	280,900	363,500	479,500	635,700	838,900
33号俸	189,400	226,000	282,600	366,000	483,000	640,400	845,000
34号俸	190,100	227,100	284,300	368,500	486,500	645,100	851,100
35号俸	190,800	228,200	286,000	371,000	490,000	649,800	857,200
36号俸	191,500	229,300	287,700	373,500	493,500	654,500	863,300
37号俸	192,200	230,400	289,400	376,000	497,000	659,200	869,400
38号俸	192,900	231,500	291,100	378,500	500,500	663,900	875,500
39号俸	193,600	232,600	292,800	381,000	504,000	668,600	881,600
40号俸	194,300	233,700	294,500	383,500	507,500	673,300	887,700

この表に
縛られてしまうと…

ろ、それなりによい評価点がついた社員もいるが、どうすればいいだろう…」と悩んだ末に、今年は昇給を見送ろう、という判断をしたとしましょう。

ところが、あらかじめこの表を見せられていて、頑張ったおかげで自分の評価が高かった社員がいました。この社員のモチベーションはどうなってしまうでしょうか。

「期待だけさせておいて裏切る」——つまり、満足度は「期待値」によって決まりますから、これは信頼をなくす最悪のやり方です。

ましてや、評価の高い社員ということは、会社にとって貢献してくれる人材です。そのような社員は、他の会社でもほしい人材でしょう。優秀な社員から辞めていく、ということはこうして起きてしまうのです。

📝 号俸表に縛られると評価を調整してしまう

もう一つ、実際の企業の現場で多く起きているケースがあります。それは、賃金表に合わせて、評価のほうを調整してしまう、ということです。

たとえば、現在5等級で12号俸の社員が、人事評価の結果「A」という評定になりました。A評価の場合は4号俸分の昇給になるという、次のような表を社員に示しています。

【昇給表】

評　定	S	A	B	C	D
昇給号俸	6	4	2	1	0

ところが、この会社の今期業績は不振でした。たしかに、この社員は頑張ったけれど、昇給表どおりに4号俸分（12号俸→16号俸）の1万4,000円を昇給させるのは厳しい。しかし、昇給表は公表しているので、そのとおりに昇給させないわけにはいかない…、と悩

みます。すると、この会社は次のようなことをやり始めます。

「この社員の評価はBにしておこう」

昇給表どおりに昇給させなければいけないので、評価自体をAからBに下げて、他の社員についても同様の作業を始めます。この社員が8点とよい評価だった「コミュニケーション力」は6点にして、「提案力」の7点は5点にして…、といった調整を行なうのです。

「よしよし、これで総合評定がAからBになった。Bなら昇給額が抑えられる。よかった、よかった」

いえいえ、まったくよくないですね。頑張ったこの社員のモチベーションはどうなってしまうでしょうか。

このような金額を明確にした賃金表をつくったがために、この賃金表でいくらになるか、から逆算して、社員の評価を調整していくということが必ず起こります。頑張った社員にとっては「会社は頑張りを見てくれていない」という大きな不満要素となり、期待を裏切られたことと同様に、会社を去ってしまう大きな原因となります。

賃金表に縛られて、評価自体を調整してしまう。そんなことはしないだろう、と思われるかもしれませんが、評価から給与を決める工程作業では、実は当たり前のようにたくさん起きているのです。

運用が大変なのではなく、「お茶を濁す」のが大変

よく、「人事制度は運用するのが大変」という声を聞きます。まさしくこの本が解決したいテーマではあるのですが、では、具体的にはどんなところが大変なのでしょうか。

それは、この「調整作業」が大変なのです。つじつまを合わせなければならない、賃金表どおりに昇給させたら資金が足りなくなる、どの社員とどの社員をどれくらいの差にしよう、というような、「調整」に相当な手間暇をかけ、神経を使い、「あぁ、人事制度は運用が大変だ」と言っているのです。

私はこのような、つじつま合わせや調整する作業のことを、よく「お茶を濁す」と表現しています。「人事制度を運用しているのでは

なく、一生懸命みんなでお茶を濁している」のです。社長も人事担当者も部長も社員も、みんなでお茶を濁すことに一生懸命取り組んでいるわけです。

上の者は前述のような昇給の調整作業を行ない、下の者は上に通すためや突っ込まれないための自己評価を行なっています。神経も労力も時間も消耗して、何もよいことが起きない運用のしかたです。

もっと現実的に、ちゃんと使える制度にして、お茶など濁すことを必要としない、身の丈にあった人事制度にしていきましょう。

一つの具体的なやり方としては、最初から**業績によって金額が変わる給与改定制度**をつくります。降給もあり得るので「給与改定制度」という呼称のほうがよいでしょう。

さらに、21ページに例示した号俸表のように金額を固定ピッチにせず、上限と下限を設定して、その範囲のなかで、ある程度自由に決められる「**範囲給制度**」を用います。具体的には、5等級の社員であれば、号俸表の一番上の37万1,000円（下限）から50万7,500円（上限）のなかで無段階に決めていく、というものです。

かっちり決めてしまうから、その表の金額を見て、そんなに上げられないなどという調整が起きてしまうのです。

表に当てはまらない、ということのないようにできるのも、この範囲給制度のよいところです。業績が悪かったときでも、200円でも300円でもいいから、評価を反映して昇給させるのです。

21ページの号俸表のように、5等級の場合は1号俸アップにつき3,500円などと固定ピッチを設定していると、そんなに上げられないといって、評価のほうを下げてしまうことが起きるのです。

業績が悪くても、最低限確保できる人件費のなかで、しっかりと評価を反映させることができるのが、この範囲給制度です。

前述した「ゆるく」「あいまい」な運用をうまく活かして、ちゃんと継続できるようにすることが本書での賃金制度の目的です。

なお、賃金制度の内容、つくり方などに関しては、3章で詳しく解説します。

24

1-3 中小企業に最適な「等級制度」とは？

等級制度にはどんなものがあるか

　この本では主に、「賃金制度」と「等級制度」について解説します。そこでこの項では、前項の賃金制度に引き続き、どのような「等級制度」が中小企業に最適なのか、について解説します。

　まず結論からいうと、中小企業では「**役割等級制度**」というものを導入しましょう。

　ちなみに、この役割等級制度は、英語では「ミッショングレード制度」といいます。横文字にすると、なんだか格好いいですね。

　ところで、等級制度は大きく分けると、この「役割等級制度（ミッショングレード）」以外に、「**職能等級制度（アビリティグレード）**」と「**職務等級制度（ジョブグレード）**」があります。

　これらの詳しい内容については、2章で解説しますが、ここでは簡単に基礎知識としてまとめておきます。

　「役割等級制度（ミッショングレード）」は、その名のとおり「**その役割**」に対して、給与が決まっています。

　「職能等級制度（アビリティグレード）」は、「**その人自身**」に対して給与が決まっています。

　「職務等級制度（ジョブグレード）」は、「**その仕事**」に対して給与が決まっています。

役割等級制度はなぜおススメなのか

　上記の3つの制度の違いについて次ページの表に簡単にまとめましたが、もちろん、ここに書ききれないほどの、それぞれのよい点、悪い点があり、突き詰めていくとそれだけで1冊の本ができるぐらい奥が深いのが等級制度です。

25

◎代表的な等級制度の比較◎

名称	役割等級制度 （ミッション グレード）	職能等級制度 （アビリティ グレード）	職務等級制度 （ジョブ グレード）
給与を決める 基準	その「役割」	その「人」	その「仕事」
どんな制度か	会社のなかのいくつかの職種に応じて基本の給与があり、そのなかでの役割の違い（部を見る役割か、作業をする役割かなど）により、差がついている	その人の成長（能力向上）に対して、給与が上がっていき、会社内で職種が変わっても、給与は変更せず、人としての能力向上の速さの違いで、差がついている	その仕事に対しての給与が決まっていて、人物に関わらず、同じ給与となる。仕事の難易度や職務内容によって、誰でもその給与となる
タイプ	職能と職務の 折衷型	日本 （終身雇用）型	欧米 （雇用流動）型

　しかし、この本では各等級制度を比較することを目的にしてはいませんので、難しい話は省略です。上表にある「役割等級制度」の特徴が、中小企業には最適なので、これを採用していきましょう、という前提で解説します。

　では、なぜ中小企業には最適なのか。それは、やはり**中途採用が中心**だからです。

　いままでの日本の大企業は、新卒採用で年功序列、終身雇用というシステムが就業モデルとして多いため、上表の「職能等級制度」が適していたのです。

現場で経験したのち、営業部に異動し、いくつかの職種を経て管理職に上がっていくなど、本人が、その会社の社員としてのスキルを向上させていき、それに合わせて給与も上がっていく——という職能等級制度でよかったわけです。

しかし、この就業モデルは中小企業にはあまり適していません。新卒採用よりは、ある程度のスキルを備えている経験者を採用して、すぐに会社に貢献してもらうことが必要だからです（新卒採用ができない、という現実的な事情ももちろんあるでしょう）。

そして中小企業では、定年まで在籍しているかというと、これも少数派で、大企業のように終身雇用で定年まで勤め上げるという社員のほうが稀なのです。

また、欧米型の「職務等級制度」も、なかなか現実的ではありません。これは、この仕事をしてもらうのなら、誰であろうとこの給与だよ、という、仕事に対して給与が紐づいている制度です。働き方改革で話題のキーワードである「**同一労働・同一賃金**」は、まさにこの制度がフィットしています。

正社員、契約社員、アルバイト社員、パート社員、派遣社員といった身分の違いに関わらず、またベテランだろうが初心者だろうが、「この仕事」なら「この給与」なのです。この職務等級制度（ジョブグレード）を導入すれば、まさしく「同一労働・同一賃金」に対応できます。

しかし、現実的にはこれは難しいのです。中小企業においては、**決められた仕事だけではない働き方**がどうしても必要だからです。

たとえば、総務の担当者であっても、イベント時には営業の手伝いをして、チラシを配ったりする、逆に営業部員であっても、忙しいときには工場の梱包や発送の仕事を手伝ったりする…。

中小企業においては、明確に「この仕事」で「この給与」と決められないのです。限られた人員のなかで、会社におけるいろいろな仕事をしてもらいながら業務に貢献することが求められます。

ところが、職務等級制度では、本来の契約にはない仕事をしたら、

その分の給与を払わなければならない、ということになってきます。こうなると、中小企業ではやはりこの制度の導入も、なかなか現実的には難しいのです。

　そこで、職能等級制度と職務等級制度の「いいとこ取り」をした**「役割等級制度」**の出番です。

　中途採用中心の中小企業においては、従来の日本型の終身雇用をモデルとした職能等級制度（アビリティグレード）でも、仕事に対してこの給与と割り切って決めている職務等級制度（ジョブグレード）でも、なかなか現実的には合いません。

　両方の制度の持っているよいところ、具体的には「人の能力部分での等級分け」と「仕事内容での等級分け」のいいとこ取りをした制度が「役割等級制度（ミッショングレード）」なのです。

　「基本は仕事内容だけれど、そこには能力差がある。だから、それも加味しておこう」といったイメージでしょうか。

　この役割等級制度でも、つくり方によっては同一労働・同一賃金へ対応することもできます。したがって、これからの労働法対応にも適した等級制度といえます。

　なお、この役割等級制度の内容やつくり方などに関しては、2章で詳しく解説します。

1-4 「評価制度」は運用重視で シンプルに

📋 やはり「Ａ４一枚評価制度」が一番！

　人事制度の３つの柱について、「賃金制度」「等級制度」に続くのは、「評価制度」です。

　賃金制度は「範囲給制度」、等級制度は「役割等級制度」が中小企業には最適であると結論づけましたが、では、評価制度として最適なのは何でしょうか。

　等級制度や賃金制度のように特によく使われる型というのはないのですが、あえていうなら「Ａ４一枚評価制度」が最適な制度です。

　これは、世の中で一般的に使われている呼称ではありませんが、Ａ４一枚で、わかりやすくシンプルに、ちゃんと継続運用ができるようなものにしましょう、という評価制度です。

　手前味噌で大変恐縮ですが、この本の前身となるもので、評価制度に特化した形の『Ａ４一枚評価制度』という書籍があります。１冊まるまるほぼ「評価制度」について書いてある本です。

　おかげさまで好評をいただいており、その読者の方から評価制度だけではなく、賃金制度や等級制度も含めた「人事制度」についても本にまとめてほしい、との要望があり、それに応える形で本書を発刊することとしたという背景があります。

　そのため、この本では「Ａ４一枚」による評価制度の構築のしかたに的を絞って、賃金制度や等級制度と同じようなボリュームで構築できるところまで解説させていただきます。

📋 目的重視で評価制度を構築する

　さて、評価制度にも、いろいろな考え方があります。

　業績などの「成果」で評価する制度や、その人の「能力」で評価

29

する制度もあります。能力のうちでも「保有能力(ポテンシャル)」なのか「発揮能力(パフォーマンス)」なのか、あるいはその人の「姿勢」や「態度」、「振る舞い」を評価するなど、何を重要視するかで評価制度も多少変わってきます。

評価制度に関しては、企業規模の大小というよりも、その会社が何を重要視していくかで、何を評価していくかも決まってくるものです。

そのため、規模よりも業種や職種によっての違いや、そのときの会社のステージ、たとえばイケイケの成長段階か、成熟の安定段階か、理念浸透の風土醸成段階か、などの「目的」重視で内容を決めていきます。

「公平に」「まんべんなく」としてしまうよりは、中小企業ならではのよさを活かした「一致団結」「一点突破」などをめざして作成するほうが、期待人材像への人材育成や、そこからくる業績向上につながるのです。

つまり、評価制度は「目的」を重視することが成功のカギなのです。

いま、短期的な業績を追い求める必要があるのであれば、成果重視になります。長期的な持続成長をめざすのであれば、能力評価で人材育成を図っていきます。会社風土をよくしたい、こんな会社にしたいというものをめざしていくのであれば、姿勢・態度を評価していくのです。

それぞれ、その会社がいま重要としているものを中心に、これらの評価項目を組み立てて、Ａ4一枚で、いつでもどこでもコミュニケーションを取りながら使っていく、それがこの「Ａ4一枚評価制度」の特徴です。

1-5 「魅力ある会社」にするために

働こうとする人に選ばれる制度の構築を

　人事制度を構成する賃金制度、等級制度、評価制度ですが、それぞれ前述したように、いろいろな考え方や手法、制度の種類があるなかで、これから導入や改定を考えている中小企業なら、「ぜひこれで！」というものを2章以降で詳しく解説し、実際に構築していけるようにしていきます。

　まず3つの各制度で、中小企業に最適な制度は具体的に次の制度であると説明してきました。

賃金制度	等級制度	評価制度
↓	↓	↓
範囲給制度	役割等級制度	Ａ4一枚評価制度

　そして、これらの制度を構築することで、ぜひ企業としての「武器」を手に入れてほしいのです。

　冒頭でも触れましたが、これからの企業は「働く人に選ばれる側」であり、そのなかで経営を継続していかなければなりません。

　その際に、選んでもらうための「武器」をどれだけ持っているかがとても重要になるのです。

　その大きな武器の一つが「**人事制度**」です。

　あなたが、もし仕事を探す立場の求職者だったとします。

　同じ地域に、同じ業種のA社とB社がありました。それぞれ面接に行ったときに、A社には人事制度があり、B社には人事制度はな

31

いことがわかりました。

　面接の際に、それぞれの会社では次のように説明してくれました。

【A社】「うちでは未経験の場合、S2等級からスタートします。S2等級の**役割**はこのようになっていて、このときの**範囲給**は○○万円～○○万円です。この等級の**評価シート**がこれです。ここに期待することが書かれているので、これでよい評価がもらえるようになって、だいたい○年ぐらいで、上の役割等級に昇格して、○年後ぐらいにはM等級になれるように頑張ってほしいと思っています」

【B社】「未経験なら、最初は仕事を覚えるところからですね。うちは特に人事制度はないけれど、頑張ったら頑張っただけちゃんと給料は上げていきます。ぜひ頑張ってほしいと思っています」

　いかがでしょうか。面接に行ったあなたは、どちらの企業を選びますか。やはり、形のある資料を見せてくれながら、具体的に将来を示してくれたA社のほうに、企業としての魅力を感じるのではないでしょうか。

　具体的な資料がないまま言葉だけで説明されるのでは、入社してからちゃんと認められるのかどうか、不安が増します。人事制度があるかどうかは、求職者にとっては大きな判断材料になるのです。

　いまの時代、その会社に人事制度があるかどうかは、面接時に確認するようにと、学校の進路指導やハローワーク、就職あっせん会社でも指導しています。そこで、面接時には当たり前のように「貴社の人事制度はどのようなものですか？」と質問されます。そのときに、求職者に「魅力ある」ものを示せるかどうか。人事制度は、採用においても非常に重要な施策の一つとなっているのです。

　もちろん、会社の魅力は人事制度だけではありません。経営者の人間的な魅力、職場の同僚の魅力、上司の魅力、場所や仕事内容の魅力、福利厚生、職場環境などもあります。

ただ、そのなかでも、「人事制度」があるかどうか、そしてそれが機能していて、将来を描けるようなものかどうか、さらには運用がしっかりできていて、自己成長や会社からしっかり認められているということが実感できるかどうか。これらが大きく、その企業の「魅力」となっていくのです。

人事制度は手段であり、ツールでしかない

　それでは、これから具体的に、それぞれの制度をつくっていく工程に入っていきます。

　繰り返しになりますが、人事制度は手段でありツールです。これを活用していくことで、15ページの図にも上げた以下のような効果を発揮することにつながっていきます。

---

①社員が将来を見ることができるようになる

②会社も社員も成長できるようになる

③社員の動機づけにつなげることができる

④同じ方向を向いて仕事ができるようになる

⑤管理者のマネジメント能力を伸ばすことができる

⑥給与・賞与の決め方をつくることができる

⑦同一労働・同一賃金に対応できるようになる

　人事制度は、とても強力なツールなのですが、ただし条件あり！……ちゃんと運用できれば、ですね。

　2章以降で、上記の7つの効果が、それぞれどのようにつながっていくのかを、作成や運用の工程のなかで説明していきます。

　シンプルで使いやすい「人事制度」を武器にして、ぜひ上記の目的を実現し、「魅力ある会社」にしていきましょう。

制度で人は動かない？

　たまに、「制度だけ導入してもだめだよ。本当に大事なのは…」というご意見をいただくことがあります。
　もちろん、私は人事制度をつくっている仕事をしているので、面と向かって直接、話しかけられるわけではありませんが、直接いただかなくとも、よく耳に入ってくるのです。

　「人事制度ねぇ。でも、制度じゃないんだよね、本当に大事なのは…」

　大事なのは、に続く言葉は何でしょうか。
　「社員を大事にする気持ち」？
　「一緒に成長しようという想い」？
　「社員とその家族を幸せにしようという決意」？
　いずれも、そのとおりだと思います。これらのことはとても大事です。
　ただし、それを口で言っているだけではなく、形として顕在化させるもの、それが「人事制度」です。
　よく言われるじゃないですか。「言葉ではなく行動で示せ」って。これをやっているのです。

　人は解決が難しいものにぶつかると、目に見えないものを原因にしがちになります。
　なぜなら、それはとても楽だからです。
　「うまくいかないのは気持ちが足りないから」
　「うまくいったのは気持ちが強かったから」
　後からなら、いくらでも結果論で語ることができます。

でも、そうではなく、ちゃんとした形にして、それを使うことで行動を起こして、口で語るだけではなく、本当に改善を実現していくのです。

　何かを成し得るには、必ず行動しなければなりません。成果は行動の集積以外の何物でもありません。

　しっかりと明文化したものをつくり、その目的もメッセージにして伝え、約束し、行動して、成果へとつなげていくのです。

　「制度」というものがあると、それに沿って進めることができるようになります。制度をうまく利用、活用して、「気持ち」が言葉になり、明文化されたものになり、伝えるツールになり、やりたいことが着実に実現していくのです。

　想いや気持ちだけではダメです。行動で示していくのです。「制度」というツールがあるほうが、これがやりやすいのですね。

　制度をつくり、それを社員に伝え、実際に運用していくわけです。

　もちろん、制度さえ導入すれば変わる、なんてことは、私も思っていません。

　しかし、制度という形があるツールを導入すると、それを使うことで、口で言っているだけで何も行動しないという不毛な状態から抜け出していくことができるのです。

　おそらく、前述の「制度じゃないんだよね」と言われるのは、制度が問題なのではなく、活用できていないからなのではないでしょうか。たとえが適切かどうかわかりませんが、私はよく以下のように伝えています。

　どんなによい調理器具を手に入れても、一度も料理したことがない人では、よい食事はつくれないのです、と。

　ここでも「調理器具じゃないんだよね」という批判が来そうですね。

　でも、つくり方を学び、実践してみて、できたところもできないところもわかります。教えてもらって復習して、ちゃんと日々使っ

ていくことで、その調理器具というツールの本領が発揮できるようになります。よい職人こそ道具にもこだわります。

　人事制度も似ていると思っています。
　制度というツールの導入をきっかけにして、使い方を学び、実践してみて、できたところ・できないところを把握し、教えてもらって復習して、ちゃんと日々使っていくことで、大いに効果が発揮できるようになるのです。
　「制度じゃないんだよね」と批判を受けないようにするためにも、ただ導入するだけではなく、効果を発揮するように使っていくこと、それを実践していきたいと私は思っていますし、またそのように読んでいただいた方にも、実践していってほしいと願っています。

同一労働・同一賃金に対応する「役割等級制度」をつくろう

2-1 中小企業に最適な「役割等級制度」を構築しよう

等級制度の構築のしかた

人事制度は大きく「等級制度」「賃金制度」「評価制度」の3つで構成されます。この3つのなかで本のタイトルにある「賃金制度」が知りたい、という人も多いかとも思いますが、まずは「**等級制度**」からつくっていきましょう。

実際に、私が人事制度を構築する業務を行なう場合も、この「等級制度」からスタートすることがほとんどです。なぜなら、「等級制度」は人事制度の大きな枠組みとなり、そのなかに賃金制度と評価制度を当てはめていく、という構成になっているからです。

◎人事制度を構成する3つの制度の関係◎

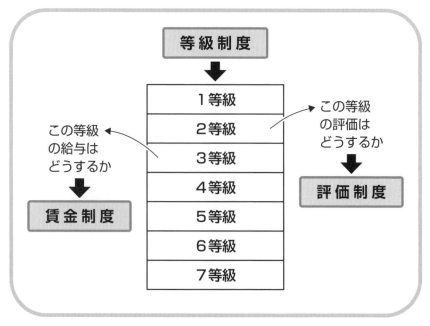

前ページの図にあるように、等級制度を構築することで、どの社員がどの「等級」に当てはまるか、というものがつくれるようになります。等級の設定が決まったら、その等級の場合の給与はいくらになるのか、という「賃金制度」、その等級だったら何が評価されるのか、という「評価制度」を決めていきます。そのため、最初に枠組みとしての等級制度をつくることからスタートとなるのです。

　さて、この等級制度ですが、１章で簡単に説明したように、いくつか種類があります。「職能等級制度」「職務等級制度」「役割等級制度」がその代表的な３つの等級制度です。

　このなかから、私は「**役割等級制度**」をおススメしています。

　もちろん、「その制度が何をもたらしたいのか」の目的によって、より適した制度（ツール）を使うべきですが、これから初めて人事制度をつくっていこうという会社や、いままでもそんなにしっかりやってきていなかった（失礼な言い方ですみません）会社は、まずはこの「役割等級制度」でやってみましょう。特に中小企業にはおススメです！　なぜなら、特に中小企業に求められる次のことが実現できていくからです。

---

　①中途採用中心の会社に合わせやすい

　②人材育成につなげやすい

　③いま現在、頑張って貢献している人を評価しやすい

　④社員に将来を見せていきやすい

　⑤同一労働・同一賃金に対応できる

　これらの「役割等級制度」の特性は、この後の作成手順の説明の際に一つひとつもう少し詳しく解説します。ただ、まずはその前に少し「お勉強」の時間を取らせてください。

　他の２つの制度も含めた等級制度の基礎知識を知っておきましょう。役割等級制度のメリットを理解いただくためにも、基礎知識を知っておくことはとても有益だからです。

2-2 3種類の等級制度のそれぞれの特徴

実際にどんな等級制度が利用されているか

「職能等級」「職務等級」「役割等級」、この3つの制度の違いを簡単にわかりやすく説明すると、こうなります。

「職能等級」 → 「その人」が基準となる等級

「職務等級」 → 「その仕事」が基準となる等級

「役割等級」 → 「その役割」が基準となる等級

「職能等級」の「その人」というのは、もう少し正確にいうと、「その人の能力」です。だから「職能」なのですね。

ちなみに、日本の企業がどの制度を取り入れているのかというデータがあります（次ページのグラフを参照）。

一般財団法人 労務行政研究所が2018年に行なった「人事労務諸制度実施状況調査」によると、「職能等級制度」が50.0％、「職務等級制度」が24.1％、「役割等級制度」が30.9％とのことでした（合計が100％を超えるのは、複数回答を用いている場合があるため）。

この調査は、民間企業440社を対象にしたものですが、対象企業は、上場企業および上場企業に匹敵する非上場会社となっています。

中小企業の場合はあくまで、参考程度に把握しておき、自社に最適なものを利用していきましょう。特に、利用割合が50％を占めている「職能等級制度」は、比較的、大企業に適したものでもあるからです。

以前の調査では、等級制度は「職能等級」と「その他」に分けた調査だったため、正確な比較はできませんが、1996年の調査では「職能等級制度」が87.3％を占めていました。

40

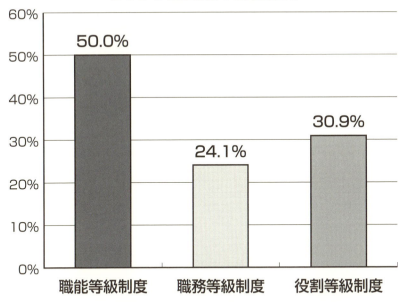

（労務行政研究所「人事労務諸制度実施状況調査2018年」より）

　従来の新卒一括採用、年功序列という日本型の雇用形態では、この「その人」が基準の「職能等級」制度がマッチしていたのでしょう。いわゆる「大企業モデル」が採用していたのが、この「職能等級制度」だったのです。
　しかし、年功序列の崩壊とともに、大企業であっても、「職能等級」から、「職務等級」「役割等級」に移行してきているのが現在の実態です。
　さて、上記のような調査の結果や、時勢の変化、企業の規模などによる違いも含め、3つの等級制度についてもう少し詳しく一つひとつ見ていきましょう。

2-3 旧来の日本型「職能等級制度」の メリット・デメリット

終身雇用・年功序列ならマッチする制度

「職能等級」は「職能資格等級」などともいわれ、その人の能力に応じて等級が決まります。能力なので、英語でいうと「Ability」（アビリティ）。だから「アビリティ・グレード制」といわれたりもします。これも英語だとかなり格好よく聞こえる気がしますね。

「その人」自身が、どのような人か、どのような能力を持っているのか、で等級が決まります。逆にいうと、原則としてどんな仕事をしているのか、職種が何であっても給与が変わることはありません。あくまでも「その人」に対して給与が決まっているのです。

そのため、入社してから年齢を重ね、仕事を覚えていき、その会社で求められる人材として能力を身につけていくことによって、等級が上がります。いわゆる「ゼネラリスト」が育っていきます。

いままでの日本では、多くの企業でこの「職能等級制度」が使われていました。先ほどの労政行政研究所の同じ調査データで、1996年では、なんと87.3％もの企業がこの「職能等級制度」を導入していたのです。なぜでしょうか。

それは、この「職能等級制度」は、「終身雇用・年功序列」に適した制度だからです。

学校を卒業したら、一斉に就職、その後はその会社でいろいろな仕事を経験しながら、年齢や勤続とともに、知識や技術という能力が上がって出世し、定年とともに退職——。この日本の大きな企業の雇用システムにはピッタリの制度ではないでしょうか。

いや、人事制度自体、昔は大きな会社しか導入していませんでしたし、そのような制度があったから、より年功序列が進んだのかもしれません。

◎職能等級制度のイメージ◎

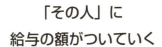

「その人」に
給与の額がついていく

1等級
2等級
3等級
4等級
5等級
6等級
7等級
8等級

　職能等級制度のメリットは、なんといっても「**安心感**」でしょうか。その会社にいれば、成長次第とはいえ、基本的には年齢とともに給与は上がっていきます。会社としても安定した人材の育成ができるようになります。
　一方、デメリットは、年齢とともに給与は高くなりますが、**人材と現在の貢献度が一致しない**、ということが起きてくることです。
　いま現在、バリバリと働いて貢献してくれる人よりも、過去の積み重ねにより、いまはそんなに活躍していない人材であっても、給与が高止まりするのです。
　以前に頑張ってくれたことへの報い──ということで給与を支給できればいいのですが、そんな余裕があることはできないのが現在の企業事情。働く側としても、遠い将来は安泰だからといまは少ない給与でバリバリ働くというほど、企業に入り込むことができない状況なのです。
　中途採用中心である中小企業にとっては、以前ならまだしも、終身雇用が崩壊した現在においては、この職能等級制度はあまりマッチしない制度といえそうです。

2-4 欧米型の「職務等級制度」の メリット・デメリット

職務の難易度で給与が決まってくる

職能等級制度が日本型であるなら、この「職務等級制度」（ジョブ・グレード制度）は、いわゆる欧米型です。原則として、人ではなく「仕事」（job）に給与がついているのです。

「うちの会社では、この営業職という仕事は○○万円の給与で契約し、接客の仕事は□□万円の給与」というような感じです。ここに、年齢だとか勤続年数だとか、その人に関する要素は原則として入ってこないのです。

難易度の高い職務であれば、それに応じた高い給与になり、簡単な仕事であれば、それなりの給与となってくるわけです。

合理的でわかりやすく、その仕事単位での契約という、まさしく欧米的なイメージの制度ではないでしょうか。

知識や技術があり、レベルの高い仕事ができるような人が高給となるため、その人の仕事の能力向上が必要で、結果として仕事ができる人が高い給与となっていく傾向があります。

年齢や勤続年数だけ高く長くても、その職務が遂行できない場合は、過去の実績に関わらず、給与は下がっていきます。

自分自身でスキルを高めていく必要があり、ただ会社にいるだけでは通用しない、ある意味とても厳しい等級制度です。

その仕事の出来栄えで給与が決まるため、「スペシャリスト」が育っていきます。前項の「職能等級制度」のように、過去にどんなに頑張って貢献していたとしても、現在どんな職務に就いているかで給与は変わってしまいます。

この職務等級制度で重要なものとなるのが、**「職務記述書」**（ジョブ・ディスクリプション）というものです。

◎「職務等級制度」のイメージ◎

エリア管理	企画開発		営業統括	製造統括		管理統括		
店舗管理	企画提案	システム管理	営業管理	工場管理	設計管理	人事管理	総務管理	経理管理
店舗リーダー	WEB開発	システム業務	営業リーダー	工場主任	設計主任	人材開発	総務主任	経理主任
店舗スタッフ	宣伝広告		マーケティング	製造作業	設計	教育研修	総務スタッフ	経理スタッフ
	新規事業		ルート営業					

この職務について、それぞれ詳細な「職務記述」がある

「その仕事」に給与がつく

　仕事の内容、難易度などで給与が変わってくるため、具体的にどのような仕事をするのか、職務記述書には事細かに職務内容が「記述」されて、その仕事をするという契約を交わすわけです。
　たとえば、「店舗リーダー」という仕事には、

---

①来店するお客様の接客
②アルバイト、パートのシフト作成
③店舗の保守
④従業員の募集、採用
⑤目標売上、利益の達成
⑥……　　⑦……　　⑧……

というように、その仕事で何を遂行していくのか、どのような成果が求められるのかなどが、細かく「職務記述書」で設定されます。

さらに、前ページ図の職務内容のそれぞれに対しても、毎日・毎週・毎月単位で発生する仕事やそれぞれのもっと具体的な作業、完了した際の出来栄えレベルなども決められていきます。

求められる仕事がどれだけ遂行できているのか、成果を出すことができたのか、などが評価されて給与や賞与が決められます。

働き方改革として話題の「**同一労働・同一賃金**」に対応するためには、この「職務等級制度」を導入すればいい、ということもよくいわれるようになっています。「同じ労働」には「同じ賃金」ということは、人ではなく「仕事」単位での給与ということであり、まさしくこの職務等級制度と同じ考え方なのですね。

終身雇用・年功序列がなくなってきた現在、世間的には求められてきている制度であるといえます。

職務等級制度が中小企業にマッチしないワケ

では、これからはこの「職務等級制度」か——というと、そうでもないのです。取り入れている会社は、思ったよりも増えていないのが実態です。なぜでしょうか。

「**会社のなかでは、別の仕事をすることがある**」——家族的経営、中小企業が多い日本の会社では、当たり前のように、このことが起きてきます。

そのときに、「自分の職務ではないので、その仕事をするなら追加の報酬を要求します」ということが、主張できるでしょうか。

その仕事に対して等級が決まっている、その仕事は何をするのかが職務記述書に設定されている、という職務等級制度の考え方はとても合理的であり、メリットでもありますが、それが大きなデメリットにもなるのです。職務記述書には記載されていない、それ以外の仕事をしてもらいにくくなるという点です。

働き方改革などでだいぶ変わってきているとはいえ、日本人の働

き方は合理的とはいえず、スペシャリストとしての働き方というよりは、どちらかというと「会社の一員」としての働き方です。

実際には「この仕事で契約したから」と割り切った働き方をすることまではいかず、忙しいときには営業であっても商品管理部門の社員と一緒に棚卸を手伝ったり、イベントの開催時には事務職であっても接客をしたり、忙しそうな部署があればちょっと手伝う、みんなで大量の仕事を手伝って乗り切る——このような働き方はまだまだ多く行なわれており、そしてこれは悪いことではない、日本人の働き方のよいところでもあるといえます（これが生産性の低さにつながっているともいわれますが）。

職務記述書にはない仕事をしたら、追加の給料はどれくらいになるのか、そのようなルールが当たり前になる時代がそのうちくるかもしれません。

しかし、長い間、村文化のような形で仕事をしてきた日本人にとっては、まだまだ会社側も働く側も、そこまで切り替えていけないことが、この職務等級が根づかない理由の一つではないでしょうか。

さて、前項で取り上げた（その人につく）「職能等級制度」が、現代に適さなくなってきた一方で、まだまだこのように（その仕事につく）「職務等級制度」まで、割り切った働き方には移行できないという状況のなか、増えてきている制度があります。

日本の働き方に適していて、さらに同一労働・同一賃金にも対応できる制度、そしてこの本でおススメしている制度。それが、次項以降で解説する「役割等級制度」です。

2-5 いいとこ取りの「役割等級制度」のメリット

職能等級制度と職務等級制度のいいとこ取り

前置きとして紹介した2つの制度の説明が少し長くなってしまいましたが、それぞれの制度の特徴を知っておくことも大事だということで、ご了承ください。

結論としては、等級制度は「**役割等級制度**」（ミッション・グレード制度）を導入しよう、というのがこの本で伝えたいことです。

役割等級制度は、アメリカで始まったものですが、実際には欧米ではあまり普及していなくて、どちらかというと日本独自のやり方で確立されてきたものです。

特徴としては、「職能等級制度」と「職務等級制度」の「いいとこ取り」をした制度です。

具体的には、職能等級制度のよいところである、「その人」の成長に対して給与がついてくるところと、職務等級制度のよいところである、「その仕事」の貢献度に対して給与がついてくるところ——このそれぞれのよいところをミックスさせたのが役割等級制度であり、「職務」と「職能」を組み合わせたものを「役割」（ミッション）と呼び、それに等級を設定し、その「役割」に対して給与が紐づいているのです。

たとえば、営業職（職務の種類）のなかにおいて、管理職としての知識やスキル（職能の程度）が求められる「役割」もあれば、指示を受けながら業務を滞りなくこなす程度の知識やスキル（職能の程度）が求められる「役割」もあります。

同様に製造の職種、販売の職種、開発の職種などのなかにも、それぞれの職能があり、それぞれの「役割」が異なっています。その役割ごとに等級が設定されるのが「役割等級制度」というわけです。

◎「役割等級制度」のイメージ◎

	営　業	製　造	企　画	本　部
1等級				
2等級				
3等級				
4等級				
5等級				

「製造」の「4等級」に求められる「役割」が設定される

「その役割」に給与がつく

　言葉でいうとわかりづらいかもしれませんが、そんなに複雑ではない制度です。ざっくりではありますが、イメージ図にしてみたのが上図です。

　ポイントは、職務等級制度ほど職務は細かく設定しないで、大きくその会社の**部署単位程度の職種**に分けます。その意味では、原則は職務等級制度をベースにしている制度ではあります。

　その大きく分けた職種において、その人の能力がどれくらいなのかを見て、役割が変わり、給与などにも差がつくようになっています。大雑把な言い方ではありますが、"職種のなかに職能がある"と考えて、それを「役割」と呼んでいるととらえると、わかりやすくなります。

「役割」とは何か

　この「役割等級制度」であれば、年功や勤続年数の要素ではなく、

現在の役割発揮度や貢献度を、評価で見極めていくことができ、一方でその職種内での人材育成も図れるようになっていきます。

　同じ職種でも、知識や技術などの違いによる能力部分も見ていくことができます。職務にのみ応じて給与を決めるわけでもないので、事細かな職務記述書をつくる必要もありません。それにとって代わって必要になり、大事なものが「役割の定義」となります。

　では、その等級に求められる「役割」とは何か。

　それを会社の理念、ビジョン、指針、期待人材像などから考え、しっかりと「定義」することが、重要になってくるのです。

　うちの会社の１等級には、上記のような会社にしていくために必要となるどのような役割があり、どのような成果を出してほしいのか。２等級には…、３等級には…、というように、それぞれのレベル差を検討しながら、その等級に求める「役割」を定義していきます。これをつくるところから、「役割等級制度」の構築がスタートします。

　また、役割等級制度は、同一労働・同一賃金にも対応しやすいものとなっています。

　たとえば、ＡさんとＢさんが会社に在籍しており、このＡさんとＢさんの給与が異なるのはなぜか、という問いかけに対して、「Ａさんは営業職の２等級、Ｂさんは企画職の３等級で、それぞれの役割等級に応じて、給与が決まっている。同じ職種・同じ等級の場合は同水準の賃金としている」と、共通の制度という客観的な根拠でいえるようになります。

　「職務」の違いだけではなく、このような「役割」が違うことによって「同一」ではない労働に区分していくことができる制度なのです。

　次ページに、「職能等級制度」「職務等級制度」「役割等級制度」の違いについて比較表にしてまとめておきました。

50

◎「職能等級制度」「職務等級制度」「役割等級制度」の比較表◎

	職能等級制度	職務等級制度	役割等級制度
英語の名称	アビリティ・グレード（制度）	ジョブ・グレード（制度）	ミッション・グレード（制度）
紐づくもの	その人	その仕事	その役割
育成タイプ	ゼネラリスト	スペシャリスト	基本はスペシャリストだが、横断的な役割も出てくる
人件費	年功・勤続要素が高いため、年々高くなっていく傾向	職務で決まっているため、毎年あまり変動せず	その中間程度
異動・配置転換	給与が変わらないため、比較的やりやすい	職務に対しての専門色が強いため難しい	その中間程度（給与の設定次第でやりやすくできる）
メリット	・働く人に安心感がある ・時間をかけて人材育成ができる ・協力しやすい組織となる ・成長のステップを示しやすい	・中途採用がしやすい ・明確に評価をしやすい ・会社の業績と賃金設定がしやすい	・現時点での役割においての貢献度が高い人を評価しやすい ・中途採用において、効果を発揮しやすい ・成長のステップを示すことができる
デメリット	・現時点での貢献度が反映されない ・評価があいまいになりがち	・長期的な人材育成が図れない ・割り切った仕事のしかたになる恐れがある	・多少、評価にあいまいさが残る ・その会社に適した役割を定義することが必要

2章

同一労働・同一賃金に対応する「役割等級制度」をつくろう

2-6 「役割等級制度」のつくり方

まず作成手順を理解しておこう

この本では、「おススメは役割等級制度！　これをつくっていきましょう！」ということで、つくり方の手順に入っていきます。

一般的には、「3つの等級制度のそれぞれの特徴、メリット・デメリットを参考にして、その会社に合ったものを検討して導入しましょう」となるのかもしれませんが、この本は実用書です。使っていただき、効果を発揮することを目的にしています。

それぞれの制度を検証して、ノウハウを蓄積して…というように、余裕があって導入してみよう、という会社はなかなか多くはないのではないでしょうか。

そこで、この「役割等級制度」に絞ってつくり方に入っていきます。いまの日本の企業、とりわけ中小規模の企業にとって、使いやすい制度であることは間違いありません。

つくり方の手順についても、企業によって…という要素はあるのですが、まずはこれでやってみましょう、というおススメのつくり方を紹介していくつもりです。

といっても、もちろん、適当に勧めるわけではなく、いままで多くの人事制度の構築に関わらせていただいたなかで、多くのケースでこの形がうまくいっているというものを紹介します。

企業規模でいうと、5名程度の個人事業の組織から、700人程度の上場企業まで、ほぼこのパターンでいける！　というものです。

つくり方の手順は、「①会社内での職種を分ける→②社員をいくつかの段階に分ける→③それぞれの役割定義をつくる」となります。

ちょっと大まかすぎる気もしますが、でもこれくらいでちょうどよいのです。大きくこの3つの工程で進めていき、それぞれのポイ

◎役割等級制度のつくり方の手順◎

①会社内での職種を分ける

②社員をいくつかの段階に分ける

③それぞれの段階の役割定義をつくる

④段階をさらに何分割かに分ける

⑤職種と段階を組み合わせる（完成）

【サンプル企業】

企業名	株式会社ハビタット
事業の種類	建設業（新築・リフォーム）
従業員数	25名

ントを解説していきます。25名の建設業をサンプル企業として作成を進めていくイメージでつくっていきます。

2-7 役割等級制度の作成①
会社内での職種を分ける

職種はシンプル＆大まかに設定

　まず、自社内での職種分けをするところからスタートします。役割等級制度の「横のライン」を決めていくのです。

　職種といっても、あまり細かくならないようにして、大まかに考えます。ついつい、仕事内容が異なるからということで、細かくなりがちですが、"細かくなる＝複雑になる"となって導入してからの運用時に困ることとなります。

　たとえば、間接部門といわれるような本社機能としての仕事には、たくさんの職種があります。経理、総務、法務、人事、庶務…。それぞれ仕事内容は異なりますが、これらを細かくしていくと、「職務等級」に近づいてしまうので、役割等級のよさである「職種においての職能の差」というような等級の設定ができなくなってしまいます（もし細かくすると、あまりにも多くなってしまう）。

　ですから、上記のような職種は大きく「管理本部」というような設定にしてしまいます。

　同様に、工場内での製造業務のなかにも、たとえば、機械オペレーション、メンテナンス、工程管理、品質管理…などの職種がありますが、これらもまとめて「製造」とします。

　もちろん、明らかに異なる業務であれば、「一緒くた」にしてはいけませんが、その職種のなかでの行き来が多かったり、比較的兼務などもしているような職種、いくつか複数が重なっているような職種であれば、一つのものとして設定しましょう。

　等級制度は、そこから派生する「賃金制度」「評価制度」の枠組みとなっていくものですので、これが多くなってしまうと、それぞれについて内容を決めていかなくてはならないので、非常に労力が増

えてしまいます。構築時は何とか作成できたとしても、運用になるとますます手に負えない…という状況に陥ってしまいます。ここはできるだけシンプル＆大まかに考えましょう。

　一つの目安としては職種の「給与水準」の区分けに近い考え方で、同じ部署や関連部署の職種であれば、まとめてしまってよいでしょう。

　イメージをつかんでいただくのと、何となくの目安として、私がいままで作成してきたなかでの業種別の職種分けをご紹介します。

【建設業Ａ】

営業	工事	設計	本部

【建設業Ｂ】

営業	施工管理	資材	CAD・見積	管理部

【クリニック】

医師	看護師	受付	事務局

【飲食】

調理	ホール	営業・本部

【運送】

ドライバー	オペレーション	営業	管理本部

【メーカー】

設計	営業	工場	施工	アフター	管理部

【ホテル】

フロント	料飲	営業	清掃

【会計事務所】

税務会計	相続	お客様担当	コンサル	経理・総務

【アミューズメント業】

ホール	アシスタント	清掃	広告	総務

【食料品卸業】

加工	給食	海外	仕入	本部

　会社の規模があまり大きくないことを想定して、このように大まかに3〜6程度の職種に分けていきましょう。

　規模が大きく、行なっている事業も大きく異なる場合（飲食事業と運送事業、不動産事業などを行なっている、など）は、その事業ごとに等級制度を分けていくことが望ましいでしょう。等級設定は変えても、次章以降で出てくる「賃金制度」の統一、「評価制度」の統一などは実現できます。

　さて、先ほどのサンプル企業を例に役割等級制度をつくってみましょう。「株式会社ハビタット」は25名ほどの建設業です。

　社内の仕事は、細かくは新築の営業、リフォームの営業、設計のなかにも営業設計もあれば、CADや積算、工事にも監督もいれば板金をする社員もいます。人事、総務や経理の担当者もいます。ただ、細かすぎてもいけないので、先ほど例にあげた「建設業A」で十分に当てはまります。そこで、これを例にして進めていきます。

【株式会社ハビタットの職種設定】

営業	工事	設計	本部

2-8 役割等級制度の作成②
社員をいくつかの段階に分ける

📑 上級、中級、初級に分けてみる

　役割等級制度の作成の次のステップは「②社員をいくつかの段階に分ける」です。つまり、「縦のライン」の作成です。

　「段階」というとわかりづらいかもしれませんが、社員にもそれぞれ成長に合わせたステージがあります。段階とは、そのステージのことをいいます。

　たとえば、未経験で入社したばかりで、まだまだ指示を受けながら仕事をする段階（ステージ）の社員もいれば、この道何十年のベテランで、まわりに指導をしながらバリバリ活躍する段階（ステージ）の社員もいます。

　これらの段階を分けて設定することが、「役割等級制度」の縦の等級をつくっていくことになります。

　そして、ベースとなる縦の等級は、ずばり「3段階」です。「上級」「中級」「初級」の3つの段階分けで十分です。

　実際に導入しているケースでも、規模や従業員数に関わらず、ほとんどの企業で大きくこの3段階でまかなえています。3段階の呼び方は、次のような感じのものがおススメです。

	呼称パターンA	呼称パターンB	呼称パターンC
上級	マネージャー層 （M）	管理職層 （K）	シニア層 （S）
中級	リーダー層 （L）	中間層 （C）	ミドル層 （M）
初級	スタッフ層 （S）	育成層 （I）	ジュニア層 （J）

📝 等級設定のしかた

　等級の呼び方は、法律で決まっているようなわけではないので、オリジナリティ溢れるユニークなものを考えてもよいでしょう。等級のイメージでいくと、前ページ表のような等級を、かっこ書きにしているアルファベット表記にすることも多いです。

　どのパターンを使うかはいろいろあるとしても、原則としてこの3段階で進めていくとやりやすいです。

　社員の成長に合わせて、下図のように上の段階へ進んでいくイメージです。

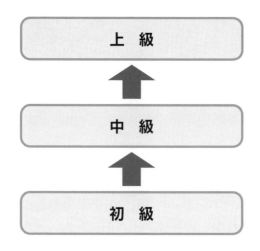

　ただし、この3段階は、あくまでも昇格していって、将来は管理職になっていくことを想定した等級設定です。

　実際には、企業のなかには部下を持たない仕事をする人や、組織を見ていくことは苦手でも、職人気質で知識や技術は優れていて、その点で会社に貢献している社員などもいるはずです。「専門職」などと呼ばれたりもします。

　これらの専門職のために、次のような等級を設定することもあります。

【部下や組織を持たずに、技術レベルで貢献する役割等級の名称案】

	呼称パターンA	呼称パターンB	呼称パターンC
専門等級	エキスパート層 （E）	スペシャリスト層 （S）	プロフェッショナル層 （P）

　アルファベットが他の等級の場合とかぶらないように、名称を工夫していくとよいでしょう。

　では、メインのラインとなっていく段階が、「上級」「中級」「初級」であったとして、この「**専門等級**」は、どのあたりの段階が適切なのでしょうか。

　専門等級は、部下を持つようになる中級にはならない社員が対象になってくるので、初級から上に上がっていく際に枝分かれをし、中級と同じ段階ぐらいにするとよいでしょう。

　イメージでいうと下図のようになります。

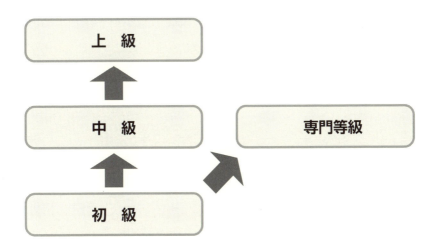

　さて、サンプル企業である「株式会社ハビタット」には、この専門職層も設定します。

　現在の社員のなかにも、部下は持たないけれども、とてもスキル

の高い設計業務をしている社員が1人、同様に工事担当をしている
ベテランの社員も1人います。これからもこのような社員は出てき
そうなので、この「専門等級」を設定する必要がありそうです。

　ここでは例として、それぞれの「呼称パターンA」を用いてつく
ってみると、次のようになります。

【「株式会社ハビタット」の社員の段階を設定した等級表】

マネージャー層 （M）	
リーダー層 （L）	エキスパート層 （E）
スタッフ層 （S）	

　上図のように、大きく3段階、初級である「スタッフ層」、中級
である「リーダー層」、上級である「マネージャー層」に加え、専門
職である「エキスパート層」で設定してみました。

　これらをわかりやすく記号としたもので、それぞれ「M等級」「L
等級」「S等級」＋「E等級」と呼んでいきます。

2-9 役割等級制度の作成③ それぞれの段階の役割定義をつくる

📑 どのように定義化するのか

　次に行なうことは、前項で設定した段階の「役割定義」をつくっていくことです。

　「M等級」「L等級」「S等級」＋「E等級」には、それぞれの会社における「役割」が存在します。

　その「役割」には、それぞれの貢献度、難易度、求められる成果、求められるスキルなどの違いがあり、そこに給与の差が発生してくるわけです。それを文章にして「定義化」していくのですね。

　定義をつくる際のポイントは、それぞれの等級において、次の各内容についての「差」をうまく設定することです。

---

　①求められる成果は？
　②必要な能力は？
　③裁量と責任の大きさは？

　本来は、それぞれの会社で、求める役割は多少なりとも変わってくるものですが、ここで「それらをつくってみてください」といっても、なかなかパッとできるものではありません。そこで、まずはベースとなるサンプルの「役割定義」の内容を紹介いたします。

　これを元に、うちの会社なら、この段階の社員にはこのようなことをやってもらいたい、このような成果を出してもらいたい、という「肉付け」や「変更」を行なってみましょう。

　まずは上記の３つの設定からスタートしてもよいです。人事制度は活用していくもの、まずはやってみて、それで気づいた点などを改善していくほうがよりよいものになっていきます。

61

【参考の役割定義一覧】

	求められる成果	必要な能力	裁量・責任
M	会社全体や 自部署の業績	マネジメント能力	最大
L	担当する組織と 自身の成績	リーダーシップ能力、 職務遂行能力	中間
S	自身の成績	フォロワーシップ能力、 職務遂行能力	最小

E	自身の成績	教育・指導力、 職務遂行能力	限定

上記を元に、役割定義を文章化してみます。

	役割定義
M	管理職の役割。会社全体の業績への貢献が求められる。各部署横断の経営戦略、経営計画の立案に参画し、自部署に対しての業績や人材の育成を実現していく知識・スキルなどのマネジメント能力が必要とされる。会社のなかで最大の裁量と責任を担う。
L	リーダーの役割。経営者・上位管理職からの方針や計画を主体的に理解・実施し、組織としての成果を出すことと自身の成績での貢献が求められる。自組織を引っ張るリーダーシップと、担当業務を遂行するための上位の知識・技能が必要とされる。裁量と責任においては、M等級の次の中位となる。
S	スタッフ・一般職の役割。上司からの指示を元に、通常業務を遂行し、自身の成績での貢献が求められる。上司からの指示を理解し、適切な判断ができるフォロワーシップと、担当業務を遂行するための基礎的な知識・技能が必要とされる。裁量と責任においては、ある程度制限された範囲となる。

E	専門職の役割。組織や部下を持たずに、自身で出していく成果とパフォーマンスの発揮により、会社に貢献することが求められる。会社のなかで最上位の知識・スキルを有し、自身での発揮のみにとどまらず、まわりへの教育・指導により全体の技術力アップにつなげることができる。裁量と責任においては、ある程度制限された範囲となる。

2-10 役割等級制度の作成④ 段階をさらに何分割かに分ける

📝 各段階をさらに3段階ぐらいに分ける

　それぞれの段階における定義をつくってみました。なかなか専門的な感じになってきましたでしょうか。

　これくらい大まかでよいのですが、ただし、ここで「M等級」「L等級」「S等級」+「E等級」の3段階+1の中身を、さらにいくつかに区分します。

　「せっかく大きく3段階ぐらいにしたのに、もっと細かくするの…？」と思われるかもしれませんが、これもけっこう大事なことです。ちゃんとした目的があるのです。

　その目的とは、**「社員に毎年目標を持ってもらうこと」**です。

　大きな3つ+1ぐらいの役割定義でわかりやすくすることは大事なことです。でも、3つだとそれぞれの間が大きすぎるのです。ステップの段差が大きく、毎年単位で上をめざそうとするには、あまりにも間が大きすぎるのですね。

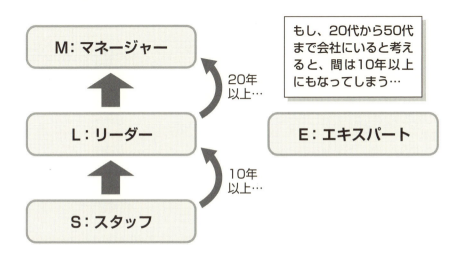

前ページ図のようにステップの間が長すぎると、手が届かないイメージになってしまい、上位の等級に上がるためにスキルを向上させたり、頑張って成果の範囲を広げるというような目標の設定や取組みに進みづらくなります。毎年単位、2～3年単位ぐらいで上をめざせるためのステップ、もう1段階成長すれば上に上がれる、という手が届くイメージにすることがとても大事なのです。

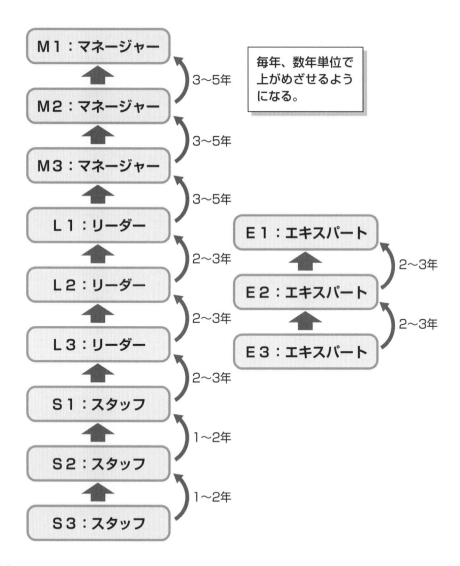

したがって、おおまかな３段階＋１のなかを、さらに２～３区分ぐらいに分けて、10年の間隔を２～３年程度に縮めます。

　いま、自分自身がどの段階にいて、どのような役割があるのか、どのような知識・技術を身につけていけばいいのかを、しっかりと見すえられるステップにしていきましょう。そのために、大きく段差があるものを、小さな段差に変えておきます。

　自己成長が実感できる会社、毎年めざすものがはっきりしている職場、というのは社員のモチベーション向上、自己啓発、そこからつながる会社への定着においても非常に有効です。

　ここで取り上げた例では、「Ｍ等級」「Ｌ等級」「Ｓ等級」＋「Ｅ等級」のなかを、それぞれ３つに区分しました。会社の社員数などにより、それぞれ２つにしたり、４つに区分したりすることでも、もちろん大丈夫です。ただし、初めて等級制度をつくってみよう、というのであれば、まずはこの３つに分ける形でやってみましょう。

　ステップの高さ、このあと説明する定義の作成のしやすさ、そして、やはり「３段階」に区分することはわかりやすく、使いやすいです。実際に、私がいままで構築してきたなかでも、圧倒的に３区分にしているケースが多いです。

　さて、ここで気づかれるかもしれませんが、役割等級を区分した、ということは、それぞれに「役割定義」をつくる必要があります。「Ｌ１」と「Ｌ３」の違いが必要になってくるわけです。

　「先ほどの３倍もの定義をつくるのか…」と思われるかもしれませんが、そんなに大変な思いをしないように、ちょっとずるいですが、次のような使い勝手のよい言葉を使って、定義化します。

　「候補」「最上位」「中級」「初級」「身につける段階」「経験を積んでいく」「一部の役割を担う」等々です。

　これらの言葉を使って、62ページの定義をさらに３区分ごとにしたものをつくってみましょう。例をあげると、次ページ以下のようになります。

	役割定義
M1	管理職において**最上位**の役割。会社全体の業績への貢献が求められる。各部署横断の経営戦略、経営計画の立案に参画し、自部署に対しての業績や人材の育成を実現していく知識・スキルなどのマネジメント能力が必要とされる。会社のなかで**最上位**の裁量と責任を担う。
M2	**中級管理職**の役割。会社全体の業績への貢献が求められる。各部署横断の経営戦略、経営計画の立案に参画し、自部署に対しての業績や人材の育成を実現していく知識・スキルなどのマネジメント能力が必要とされる。会社全体に対しての裁量と責任を担う。
M3	**初級管理職**の役割。会社全体の業績への貢献が求められる。各部署横断の経営戦略、経営計画の立案に参画し、自部署に対しての業績や人材の育成を実現していく知識・スキルなどのマネジメント能力が必要とされる。会社全体に対しての裁量と責任を担う。**これからの会社経営を担っていくため、管理職としての経験を積んでいく段階。**

L1	リーダーにおいて**最上位**の役割。**次期管理職候補**。経営者・上位管理職からの方針や計画を主体的に理解・実施し、組織としての成果を出すことと自身の実績による貢献が求められる。自組織を引っ張るリーダーシップと、担当業務を遂行するための上位の知識・技能が必要とされる。裁量と責任においては、M等級の次となる。**上位等級の役割を一部担うことができる。**
L2	**中級リーダー**の役割。経営者・上位管理職からの方針や計画を主体的に理解・実施し、組織としての成果を出すことと自身の成績での貢献が求められる。自組織を引っ張るリーダーシップと、担当業務を遂行するための上位の知識・技能が必要とされる。裁量と責任においては、M等級の次の中位となる。**リーダー等級の中核を担う。**
L3	**初級リーダー**の役割。経営者・上位管理職からの方針や計画を主体的に理解・実施し、組織としての成果を出すことと自身の成績での貢献が求められる。自組織を引っ張るリーダーシップと、担当業務を遂行するための上位の知識・技能が必要とされる。裁量と責任においては、M等級の次の中位となる。**これからの会社を引っ張っていくため、リーダーとしての経験を積んでいく段階。**

	役割定義
S 1	スタッフ・一般職において**最上位の役割**。**次期リーダー候補**。上司からの指示を元に、通常業務を遂行し、自身の実績による貢献が求められる。上司からの指示を理解し、適切な判断ができるフォロワーシップと、担当業務を遂行するための基礎的な知識・技能が必要とされる。 裁量と責任においては、ある程度制限された範囲となるが、**上位等級の役割を一部担うことができる**。
S 2	**中級スタッフ・一般職の役割**。上司からの指示を元に、通常業務を遂行し、自身の実績による貢献が求められる。上司からの指示を理解し、適切な判断ができるフォロワーシップと、担当業務を遂行するための基礎的な知識・技能が必要とされる。 裁量と責任においては、ある程度制限された範囲となる。
S 3	**初級スタッフ・一般職の役割**。上司からの指示を元に、通常業務を遂行し、自身の実績による貢献が求められる。上司からの指示を理解し、適切な判断ができるフォロワーシップと、担当業務を遂行するための基礎的な知識・技能が必要とされる。 裁量と責任においては、ある程度制限された範囲となる。**社員として通常業務遂行が独力でできるための育成段階**である。

E 1	専門職として**最上位の役割**。組織や部下を持たずに、自身で出していく成果とパフォーマンスの発揮により、会社に貢献することが求められる。会社のなかで**トップとなる**最上位の知識・スキルを有し、自身での発揮のみにとどまらず、まわりへの**教育・指導力にも優れ**、全体の技術力アップにつなげることができる。 裁量と責任においては、ある程度制限された範囲となる。
E 2	**中級専門職の役割**。組織や部下を持たずに、自身で出していく成果とパフォーマンスの発揮により、会社に貢献することが求められる。会社のなかで最上位の知識・スキルを有し、自身での発揮のみにとどまらず、まわりへの教育・指導により全体の技術力アップにつなげることができる。 裁量と責任においては、ある程度制限された範囲となる。
E 3	**初級専門職の役割**。組織や部下を持たずに、自身で出していく成果とパフォーマンスの発揮により、会社に貢献することが求められる。**S職を上回る**知識・スキルを有し、自身での発揮のみにとどまらず、まわりへの教育・指導により全体の技術力アップにつなげることができる。 裁量と責任においては、ある程度制限された範囲となる。**より高い技術を習得していく段階**である。

2-11 役割等級制度の作成⑤ 職種と段階を組み合わせる（完成）

📝 縦のラインと横のラインを組み合わせる

前項までで、「M等級」「L等級」「S等級」＋「E等級」の３段階＋１の大きな段階をつくり、それぞれ３区分しました。これで「縦のライン」ができたことになります。

これを、54ページ以降で設定した「会社ごとの職種」である「横のライン」と組み合わせてみましょう。サンプル企業の「株式会社ハビタット」で作成すると次のようになます。

等級 ＼ 職種			営業		工事		設計		本部	
マネージャー（M）	M1									
	M2									
	M3									
リーダー（L）エキスパート（E）	L1	E1								
	L2	E2								
	L3	E3								
スタッフ（S）	S1									
	S2									
	S3									

このように、「職種」と「段階」とを組み合わせると、たくさんの枠ができあがります。このそれぞれの枠が「役割等級」です。「営業職におけるM1の役割」「工事職におけるL2の役割」などという

68

ように、それぞれの役割等級が設定され、これからこの役割等級ごとに「賃金」や「評価項目」が決まっていくのです。

ただし、「職種」と「段階」を組み合わせましたが、よくよく見てみると、このできあがった枠がすべて必要ないのでは…ということが見えてきます。

たとえば、一番最上の「M1」。これは、それぞれの職種ごとにあるというよりも、会社でいえばトップの1人です。本部長とか統括部長みたいな感じで、職種で分けられないものになりそうです。

また、「E」となっている専門職は、工事と設計以外には設けず、それら以外の職種は、基本的にスタッフからはリーダーをめざしてもらいたい、というようなことも出てきます。

実際の必要度、将来にめざす組織像に合わせてこの点を整理してみましょう。すると、サンプル企業の「株式会社ハビタット」では次のようになりました。

等級＼職種			営業	工事	設計	本部
マネージャー (M)		M1				
		M2				
		M3				
リーダー (L) エキスパート (E)	L1	E1	—			—
	L2	E2	—			—
	L3	E3	—			—
スタッフ (S)		S1				
		S2				
		S3				

2-12 同一労働・同一賃金に対応する 「非正規社員」の等級

契約社員やアルバイトなどの等級はどうするか

前項までで、ほぼ役割等級は完成したことになります。

貴社の事情に合わせた職種設定（3つ～5つ、6つ程度がおススメ）と、「M等級」「L等級」「S等級」＋「E等級」などの段階設定（特に特殊性がなければ、まずはこれでやっていくことがおススメ）です。

しかし、ここでもう一歩踏み込んで、正社員だけの役割等級の枠をつくることだけにとどまらず、「契約社員」「嘱託社員」「アルバイト」「パートタイマー」などの、いわゆる「非正規社員」の等級もつくっておきましょう。

一般的には、人事制度には正社員のみを適用させて、これらの契約形態の社員をあまり人事制度に組み込まないケースも多いようです。

しかし、世の中の流れは、正規社員か非正規社員かにかかわらず、**同一労働であれば同一賃金で**、という方向に進んでいます。

そこで、これに対応できる等級制度にしておきましょう。たとえば、次のような等級設定です。

	呼称パターンA	呼称パターンB	呼称パターンC	呼称パターンD
非正規社員	契約社員 （C）	嘱託社員 （T）	パートタイマー社員 （P）	アルバイト社員 （A）

ちなみに、契約社員の「C」は「Contractor（契約）」、嘱託社員の「T」は「Temporary（暫定）」の頭文字から取っています。

この等級は、契約形態（期間の定めがありかなしか）や労働日数、

70

労働時間（正規社員より短い）、給与（月給か時給か）などの違いによるものです。

　そのため、この章でこれまで設定してきた段階の違いとは少し異なる考え方、もっといえば「形態」＋「段階」ということで等級設定をしていくことになります。

　たとえば、契約社員のリーダー層（L）であれば、「C」＋「L」で「CL」。嘱託社員の専門層の2等級（E2）であれば「TE2」。パートタイマー社員のスタッフ層の1等級（S1）であれば「PS1」──というように組み合わせていきます。

　それぞれの役割定義について、参考例をあげておくと次のようになります。

	役割定義
契約社員 （C）	期間の定めのある社員で、組み合わされる等級において、求められる成果を一部限定される役割。必要な知識・能力等は、組み合わされる等級に準ずる。 裁量・責任の度合いは組み合わされる等級より範囲が狭いものとする。
嘱託社員 （T）	定年退職後の再雇用者で期間の定めのある社員。組み合わされる等級において、求められる成果を一部限定される役割で、担当する業務の指導、教育の役割が加わる。必要な知識・能力等は、組み合わされる等級に準ずる。 裁量・責任の度合いは組み合わされる等級より範囲が狭いものとする。
パートタイマー社員 （P）	期間の定めのある社員で、主に時間単位の給与とされる。組み合わされる等級において、求められる成果を一部限定される役割。必要な知識・能力等は、組み合わされる等級に準ずる。 裁量・責任の度合いは組み合わされる等級より範囲が狭いものとする。
アルバイト社員（A）	期間の定めのある社員で、主に時間単位の給与とされる。組み合わされる等級において、求められる成果を一部限定される役割。必要な知識・能力等は、組み合わされる等級に準ずる。 裁量・責任の度合いは組み合わされる等級より範囲が狭いものとする。

そして、この契約形態の異なる非正規社員は、役割定義において、正規社員とは違う要素を入れることによって、その役割が変わってきます。そのため、「この役割定義でこの職種、この等級だから、この給与設定」というように、制度として制定されているという客観的根拠により、説明する場合に対応できるようになるのです。まさしく、「同一労働・同一賃金」への対応です。

　このように非正規社員の等級設定があると、「この契約社員はどうしてこの給与なのか」という質問に対して、「当社人事制度のＣＳ等級に属し、このような役割が設定されていて、その基準で給与も決まっている」と、客観的な根拠をもって、堂々と言えるようになるわけです。

　これからは、契約社員、嘱託社員、パートタイマー社員、アルバイト社員にも人事制度は必須ですが、もちろん、制度化する目的は法対応だけではありません。正規・非正規にかかわらず、しっかりと自身の仕事に関する成果の役割、必要能力の役割を理解してもらい、何をめざせばいいのか、どうすれば評価されるのか、明確な目標をもってもらうことが必要です。

　そして、成果を出す人、成長する人には、正当な評価を行ない、給与面で反映していくのです。さまざまな理由で正社員ではない立場になっていても、正社員とまったく同様の形で動機づけを行ない、人材育成などを実現していきましょう。

　以上で、等級制度は完成したことになります。サンプル企業である「株式会社ハビタット」は、契約社員、嘱託社員は合わせて「契約社員（Ｃ）」としました。同様にパートタイマー社員、アルバイト社員も一緒にして「パートタイマー社員（Ｐ）」としました。

　少し強引ではありますが、これらをＡ４一枚にまとめて「Ａ４一枚等級制度」とします。そのサンプルをあげておくと、次ページのようになります。

72

◎「株式会社ハビタット」Ａ４一枚等級制度◎

大きく4つの職種、4つの等級（等級のなかに3つの区分）を設定しています。
職種と等級を組み合わせたものが「役割等級」となります。

職　種			
営　業	工　事	設　計	本　部

等　級			
マネージャー （M1、M2、M3）	リーダー （L1、L2、L3）	エキスパート （E1、E2、E3）	スタッフ （S1、S2、S3）

役割定義	
M	管理職の役割。会社全体の業績への貢献が求められる。各部署横断の経営戦略、経営計画の立案に参画し、自部署に対しての業績や人材の育成を実現していく知識・スキルなどのマネジメント能力が必要とされる。会社のなかで最大の裁量と責任を担う。
L	リーダーの役割。経営者・上位管理職からの方針や計画を主体的に理解・実施し、組織としての成果を出すことと自身の成績での貢献が求められる。自組織を引っ張るリーダーシップと、担当業務を遂行するための上位の知識・技能が必要とされる。裁量と責任においては、M等級の次の中位となる。
S	スタッフ・一般職の役割。上司からの指示を元に、通常業務を遂行し、自身の成績での貢献が求められる。上司からの指示を理解し、適切な判断ができるフォロワーシップと、担当業務を遂行するための基礎的な知識・技能が必要とされる。裁量と責任においては、ある程度制限された範囲となる。
E	専門職の役割。組織や部下を持たずに、自身で出していく成果とパフォーマンスの発揮から、会社に貢献することが求められる。会社の中で最上位の知識・スキルを有し、自身での発揮のみにとどまらず、まわりへの教育・指導により全体の技術力アップにつなげることができる。裁量と責任においては、ある程度制限された範囲となる。
C	期間の定めのある社員で、組み合わせられる等級において、求められる成果を一部限定される役割。必要な知識・能力等は、組み合わせられる等級に準ずる。裁量・責任の度合いは組み合わせられる等級より範囲が狭いものとする。
P	期間の定めのある社員で、主に時間単位の給与とされる。組み合わせられる等級において、求められる成果を一部限定される役割。必要な知識・能力等は、組み合わせられる等級に準ずる。裁量・責任の度合いは組み合わせられる等級より範囲が狭いものとする。

M1：マネージャー
↑
M2：マネージャー
↑
M3：マネージャー
↑
L1：リーダー　　　E1：エキスパート
↑　　　　　　　↑
L2：リーダー　　　E2：エキスパート
↑　　　　　　　↑
L3：リーダー　　　E3：エキスパート
↑
S1：スタッフ
↑
S2：スタッフ
↑
S3：スタッフ

等級　＼職種		営業	工事	設計	本部
マネージャー （M）	M1				
	M2				
	M3				
リーダー（L） エキスパート （E）	L1	E1	この「役割等級」のフレームの場所により、		―
	L2	E2	「給与の上限・下限の範囲」と		―
	L3	E3	「評価項目」が設定されています。		―
スタッフ（S）	S1				
	S2				
	S3				

73

Break time

道徳と経済と寝言と罪悪

「道徳なき経済は罪悪であり、経済なき道徳は寝言である」

これは、学校にある銅像（いまはない？）で有名な、二宮金次郎こと二宮尊徳氏（にのみやたかのり。本当は「そんとく」ではないそうです）の言葉です。

「道徳」が「理念」という言葉だったり、「経済」が「利益」だったり、「罪悪」が「犯罪」という言葉になっていることもあります。

個人的には、これはとても重要な言葉だと思っていて、人事制度の作成の際にもよくお客様にお話ししたりします。

この言葉は、企業の持続的成長、長い時代に存続するということにおいて、本質をついて、端的に表現している言葉なのではないでしょうか。

「道徳（理念）」…というのは、たとえば、お客様の役に立つことや、社員やその家族を幸せにすること、会社の社会的貢献などでしょうか。

これらをおろそかにして、「経済（利益）」…つまり、売上げを上げること、儲けることなどばかりを追いかけることは、「罪悪（犯罪）」であると言っています。お金に目がくらんで、人の道を外すようなことをしていては、結局続かなくなってしまう。

一方で、「道徳（理念）」ばかりを追いかけて、「経済（利益）」をおろそかにしていると、やはりこれも事業は継続できなくなってしまいます。

どんなに素晴らしいことを言っていたとしても、自身が経済的に続かなくなってしまっては、事業活動はできません。

ただ「寝言」を言っているだけ、と思われることでしょう。

活動を続けていくには、社会においては経済（利益）活動が必要

なわけです。

大事なのは、この「道徳（理念）」と「経済（利益）」の両方を追いかけていかなくてはならない、ということです。

私は、企業にとって一番価値のあることは、「継続」であると思っています。

商品やサービスを世の中に提供し、従業員やその家族の生活を支えていく。それが短期で終わるのではなく、長い期間、しかもよりよいサービス、よりよい生活のために継続成長していく──これこそが、企業だからこそできる貢献なのではないでしょうか。

継続して活動していくためには、「道徳」と「経済」のバランスが大事なのですね。

恥ずかしながら、どちらもまだまだの私にとっては、人に伝えるほど自分もできているとは言えませんが、ずっとめざしていきたいことです。

ちなみに、この二宮尊徳氏の言葉と同じような意味の言葉で、他にも有名なものがあります。

「論語と算盤（そろばん）」です。

経営者は、片手に論語を持ち、もう片方の手にはそろばんを持つべきだ、というように使われます。

この言葉は、新１万円札の肖像画として登場し、再び脚光を浴びている、日本資本主義の父、渋沢栄一氏の著書『論語と算盤（そろばん）』からきています（タイトルそのままですね）。

『論語』とは、春秋時代の中国（紀元前770年〜403年頃）に活躍した思想家の「孔子」の言葉を、後に続いていく弟子たちによってまとめられた有名な書物です。

渋沢氏は、『論語』をいつも手にして、この孔子の教えを、自身の事業活動や人生においての道しるべとし、常に自分のそばから離したことはなかったそうです。

この「論語」が理念と同じように使われるようになり、経営の教訓としてよく使われるようにもなっています。二宮尊徳氏の言葉と同じ意味で理解してよいのではないでしょうか。

　現代とは異なる時代背景とはいえ、二宮尊徳氏と渋沢栄一氏が残したこの考えは、原則的で普遍的なものだと思います。

　最後にもう一言。

　この「道徳と経済」「論語と算盤」は、経営者や会社に対して、よく使われる言葉ではないかと思います。

　しかし、これは誰に対しても同じなのでは、とよく考えています。企業経営をしない人であっても同じということです。

　「お金ばかりを追いかけて、人の道を外してはならない」

　「理想ばかりを見て、現実的な生活をおろそかにしない」

　私は、人事や労務の仕事を専門にしていますが、経営者と労働者の間に入る場面が非常に多いです。

　企業が利益を追求することは、非難されることが多くありますが、実際には「道徳と経済」「論語と算盤」のバランスが悪いのは、経営者だけとは限らない、ということを実感しています。

　「人」という活動を長く続けるにあたっては、誰にでも重要なことではないでしょうか。

　最近、そんなことをよく感じるのです。

3章

運用を継続しやすい「範囲給制度」をつくろう

3-1 「範囲給制度」の構築のしかた

なぜ範囲給制度が最適なのか

　人事制度の大枠である３つの制度のうち、等級制度ができました。次は「賃金制度」です。

　等級制度のおススメは「役割等級制度」でしたが、賃金制度のおススメは、ずばり「**範囲給制度**」です。

　もう少し細かい賃金制度の解説については後述しますが、まずは結論として、この「範囲給制度」は、役割等級制度とも相性がよく、後で登場してくる「Ａ４一枚評価制度」にも最適の制度なのです。

　では、具体的に、この「範囲給制度」のいったい何がよくておススメしているのでしょうか。

　それは、「**あいまいさ**」が、あるということです。

　範囲給は、その名のとおり、「範囲」で給与が決まっています。等級ごとにその給与額の上限と下限が決まっている制度です。

　たとえば、一般職の３等級の人は「16万円〜19万円」の間の「範囲」のなかのどこかの金額となり、２等級の人は「19万円〜22万円」の「範囲」のなかのどこかの金額となります。

　きっちり、この等級の場合は○○円、と決まっているわけではないのです。つまり、その範囲のなかである意味「あいまい」に設定されているわけです。

　２章で取り上げたサンプル企業「株式会社ハビタット」で決めた等級で月額給与の額を見てみましょう。

　まずはわかりやすくするために、一つの職種（ここでは営業職）だけで見ると、次ページ表のようになっています。

78

◎株式会社ハビタットの営業職の給与制度◎

等　級		月額給与	
マネージャー （M）	M1	上限：	なし
		下限：	600,000円
	M2	上限：	700,000円
		下限：	600,000円
	M3	上限：	600,000円
		下限：	500,000円
リーダー （L）	L1	上限：	400,000円
		下限：	350,000円
	L2	上限：	350,000円
		下限：	300,000円
	L3	上限：	300,000円
		下限：	250,000円
スタッフ （S）	S1	上限：	250,000円
		下限：	220,000円
	S2	上限：	220,000円
		下限：	190,000円
	S3	上限：	190,000円
		下限：	160,000円

ここが範囲になっている

3章

運用を継続しやすい「範囲給制度」をつくろう

　これが、一般職の1等級（S1）の場合は、「上限250,000円〜下限220,000円」のどこかになるわけです。

　同じ職種で同じ等級であれば、同じ役割である、ということです。同じ役割等級であれば、その等級に入っている人はみな、この上限から下限の間の給与は約束される、でも範囲のなかのどの金額になるかは、人によって違ってくるよ、というのが範囲給制度のしくみです。やはり「あいまい」ですね。

　このあいまいな要素があることによって、どのように思われるで

79

しょうか。

　結局、最終的な細かい金額は、客観的に決まるのではなく、経営者や上司の「鉛筆なめなめ」的な部分が反映されるのではないか、そして、それは不公平を生むのではないか、と思われるのではないでしょうか。

　たしかに、その「あいまいさ」は、給与額の決定が完全に明確ではないということで、デメリットとなることもあるでしょう。

　しかし、その「あいまいさ」こそが、メリットとなることもあるのです。

3-2 範囲給制度のメリットとは

人事制度を運用する側のメリットとは何か

範囲給制度のメリットはいくつかあるのですが、大きくは次の2つです。

> ①少しの違いであっても、個人の実績を反映することができる
> ②特に中小企業においては、業績によって給与を変動させることができる

メリットとデメリットは、会社と社員という立場によって変わってくる部分はありますが、この本は人事制度を構築、運用する側を読者の中心とした本なので、まずは運用側のメリットから見ていきましょう。

固定給制度がうまくいかないワケ

会社が将来性を見せていくためにも、社員は何をどのように頑張れば、給与がいくらになるのか、ということを示すことは、必要なことでもあり、求められていることでもあります（ただし、ここにもデメリットはあります。110ページで解説しています）。

ここでもう一度、21ページに掲載した号俸表を見てください。

この賃金表では、1つの等級にそれぞれ号俸を設定し、その交わったところで金額を固定しています。このように、給与を決めていく方式を「固定給制度」といいます。英語では「シングルレート」（固定給）といいます。ちなみに、この本でおススメしている範囲給制度は「レンジレート」（範囲給）といいます。

1章でも説明したように、固定給（シングルレート）のようなき

81

っちり決まった賃金表を作成し、その表をオープンにして公開し、公明正大にすることで、働く人のモチベーションにつながっていく、ということがよく言われています。

しかし、その目的につなげていくためには、「その賃金表どおりに必ずやる」という前提条件があります。

この賃金表をオープンに提示した時点で、それを見ている社員たちの期待値は高まります。これをモチベーションというのであれば、たしかにそれは上がっていくでしょう。

しかし、逆にその期待が裏切られたときの不満度は計り知れません。期待値が高まれば高まるほど、その反動による不満は大きなものとなります。ここに、「固定給制度を導入したけど、うまくいかない」という要因があるのです。

中小企業では、社員に約束した賃金表どおりには、なかなか給与を上げていけないという現実的な事情があります。人事評価を実施して、評価ポイントが上がっても、賃金表に当てはめると○号俸上がるため、人件費的に厳しい昇給額になる。しかたがないから評価を下げるか──などと評価を調整することになり、運用が立ち行かなくなってしまうのですね。

「範囲給制度」なら、どれだけ頑張れば、どれくらいの給与になっていく、という将来を見てもらう一方で、実際には大きく昇給させられない事情がある中小企業にとっては（最近は大手企業でもそうかもしれませんが）、一定の範囲のなかで給与を決定できるという妥協案的な面があり、現実的にはこれが機能して、賃金制度を継続して運用できるようになるのです。

範囲給制度の場合、等級の範囲のなかであれば、金額がどう変わるかは明確になっていません。

実際に業績のよいときは、その等級のなかで給与の上昇を大きくすることもでき、逆に厳しい状況のときは、昇給額を抑えて、調整することもできます。

結果的に、これができることが、継続的に制度を運用できる大きな要素となっているのです。

社員1人ひとりの実績を反映できる

範囲給制度にはもう一つ「少しの違いであっても、個人の実績を反映することができる」というメリットがありました。

説明の順序が前後する形になりましたが、このメリットを具体的にいうと、たとえば同じ職種、同じ役割等級であるAさんとBさんがいて、多少は評価が異なる場合に、固定給にしていると給与に差がつけづらい、ということが起きます。

AさんとBさんは同じ5等級です。必ずしも、まったく同じ成果を上げているわけではなく、能力にも差があるので、ちょっと差をつけたい。そこでAさんは10号俸、Bさんは11号俸にする。しかし、金額で3,500円の違い——この一段階の金額差をつけるほどではない、ということで同じ10号俸にしておこう、というような判断をすることが多く出てくるようになります。

結果として、本来だったら毎回少しずつでも差をつけられるところが、固定給制度だと毎回リセットされるような形になり、結局は同じ給与額で収まったりします。

成果や能力が違うのに、同じ給与になってしまう場合、貢献度の高い社員からの不満につながります。

一方、固定給制度で差をつけた場合には、貢献度の低いほうからの不満につながってきます。

会社にとって、どちらが重要なのか。

頑張ってくれる社員、貢献してくれる社員のモチベーションや定着率にも影響があるポイントですので、この点はしっかりと考えておく必要があります。

3-3 「重複型」「接続型」「開差型」のどれを採用するか

範囲給制度の等級の境をどうするか

　範囲給制度には給与の幅に上限・下限があるので、次の等級や前の等級との上限・下限の設定をどうするかというパターンが3つあります。「**重複型**」（ちょうふくがた）、「**接続型**」（せつぞくがた）、「**開差型**」（かいさがた）の3つです。

　この3つパターンのそれぞれの特徴をみていきましょう。

①重複型

　文字どおり、下の等級の上限が、上の等級の下限と重なっているパターンです。主な特徴としては、等級ごとの上限と下限の範囲が大きくなります。また、下の等級で上のほうにいる人の給与が、上の等級で下のほうにいる人の給与よりも高くなることがあり、これをOKとする制度です。

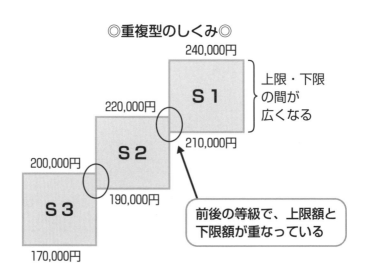

◎重複型のしくみ◎

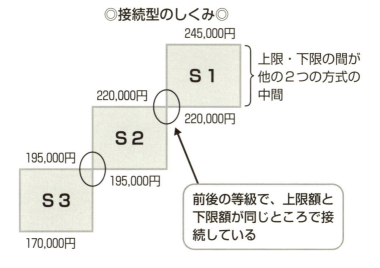

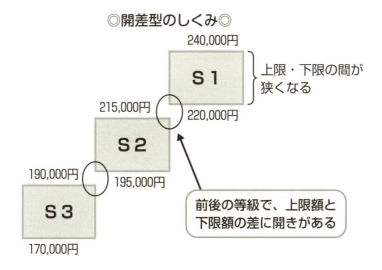

　範囲給制度の特徴として、上の等級に上がっていかない限りは、給与は上限で止まってしまう、という点があります。

　これにより、会社にただ長くいるだけで、成長しない、上の役割が担えないという人の給与の上昇を抑えることができます。

　この点が範囲給制度のメリットでもありますが、でも、やはり同

じ会社で長く勤続している社員には、そこそこ昇給させていきたい、という場合には使いづらいかもしれません。

②接続型

　等級ごとに重なる幅はなく、等級の間も開かないで、ちょうど同じ金額でくっつくパターンで、重複型と階差型の中間的なものです。

　下の等級から上がっていって上の等級になる際に、そのままスムーズに移行するイメージになります。また、原則として下の等級の人の給与が、上の等級の人の給与を上回ることはなく、いわゆる逆転現象が起きないことも、この「接続型」の大きなポイントです。

③開差型

　これは、まさしく下の等級の上限と上の等級の下限が離れて開いているパターンです。

　等級と等級の間の格差がより開くため、上の等級に上がった場合には、給与の上昇額が大きくなります。一気に増えるイメージです。より上の等級に魅力を持ってもらいたい、という会社のメッセージとして、社員には伝わりやすいパターンでしょう。

　また、等級間に開きがあるため、1つの等級の上限と下限の幅は狭くなります。つまり、同じ等級のなかで評価が上がると、狭い給与額の範囲に収まらないことが出てきやすくなります。

　さて、この3つの「重複型」「接続型」「開差型」という範囲給制度のパターンのなかで、どれを採用すべきでしょうか。

　それはズバリ、次のとおりです。

等級内では「重複型」、等級間は「開差型」もしくは「接続型」

　ズバリ、というほどではないかもしれませんが、でも、おススメはこの形です。

◎等級内は「重複型」、等級間は「開差型」がおススメ◎

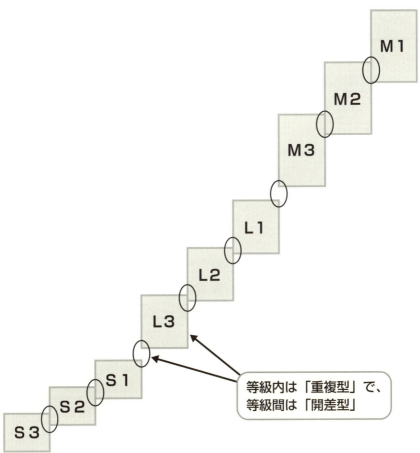

なぜこのパターンをおススメするのか

　等級内で「重複型」というのは、たとえば「S1」「S2」「S3」では、重複型で上限・下限を重ねる形にして、等級間、つまり「S1」から「L3」に上がる際には、その間が開いている「開差型」にするということです。

　S、L、Mの間を開差型にすることで、より上の役割ができるようになってほしいというメッセージになります。それとともに、同

じ等級間の区分である1・2・3では、給与が重複する場合もある、という形にすることで、現実的に長く勤めている人で、上に行けない人であっても、ある程度は給与を上げていくことができる、ということが実現できます。

　また、M等級の管理監督者になったために、時間外手当などがなくなったとしても、L等級との間を大きく開けておくことで、たとえば残業の多いL1よりも、残業代の出ないM3のほうが給与が低くなる、という逆転現象を防ぐことができるようになります。

　昨今、管理職にはなりたくない、という社員が多くなっています。その1つの理由に、管理職になったら残業代が出なくなるのに、責任だけが増すのはどうも…ということがあります。

　そのようなイメージを社員に持たせるのではなく、前ページの図に示したように、上の等級に上がると給与水準も高くなる、と認識してもらうことで、そのまま下の等級にいるよりも、より魅力的に思ってもらえるようになります。

3-4 等級と職種ごとの範囲給を設定しよう

職種に応じても給与を設定していく

　等級ごとの基本部分となる「範囲給」の考え方が理解できれば、これで賃金制度を設定できるようになります。しかし、前項までは「縦」の部分です。一方で、「職種」という「横」の違いがありますね。

　「職種」と「等級」で、それぞれ役割が決まってくるので、「役割等級制度」となっているのでした。

　２章で紹介したサンプル企業「株式会社ハビタット」では、「営業」「工事」「設計」「本部」の４つの職種があり、それぞれに等級が重なり、次ページのような役割等級の表ができていました。

　そして、この「縦」の等級と、「横」の職種が重なるアミかけした枠の部分に、それぞれの給与額が書き込まれていくことになります。

　一気に全部は決めづらいので、まずは営業職から決めていきましょう。

　決め方は、地域や業界の給与水準がどうなっているかを調べて、参考にするとともに、いま在籍する社員の給与について、どの等級に位置する人がどれくらいもらっているのか、多すぎないか少なすぎないかを検討して、決めていきます（厚生労働省の「毎月賃金統計」なども参考にするとよいでしょう）。

　その際には、２章の66、67ページに例示した「役割定義」をよく確認して、この役割ができる人はこれくらいの給与にしよう、と想定しながら金額を埋めていきます。

　また、一番下の等級では、新規学卒者を採用した場合の初任給になることを想定して、金額を決めていくとよいでしょう。

◎役割等級制度にもとづく給与設定を◎

等級 ＼ 職種		営業	工事	設計	本部
マネージャー (M)	M1				
	M2				
	M3				
リーダー (L) エキスパート (E)	L1　E1				
	L2　E2				
	L3　E3				
スタッフ (S)	S1				
	S2				
	S3				

ここに給与を設定していく

　先ほどの範囲給の重なり方のルールにもとづいて営業職の賃金表をつくってみると、次ページ上表のようになります。

　同様に、工事職の賃金表は次ページ下表のようになります。営業職にはなかった「E」等級の社員がいます。

　「株式会社ハビタット」では、工事職は営業職より給与の水準が下になっています。M等級では2万円、L等級で2万円、S等級では1万5,000円の差があります。

　これは、産業別の賃金の資料や、現在いる社員の役割と給与額を見ていった際に、これくらいの差額があるほうが適切だろうという判断で設定しました。

◎営業職の賃金表◎

等級 \ 職種		営 業	
マネージャー（M）	M1	560,000円 ～	重複
	M2	480,000円 ～ 580,000円	
	M3	420,000円 ～ 500,000円	開差
リーダー（L）	L1	340,000円 ～ 390,000円	
	L2	300,000円 ～ 350,000円	重複
	L3	260,000円 ～ 310,000円	開差
スタッフ（S）	S1	210,000円 ～ 240,000円	
	S2	190,000円 ～ 220,000円	重複
	S3	170,000円 ～ 200,000円	

◎工事職の賃金表◎

等級 \ 職種			工 事	
マネージャー（M）	M1		560,000円 ～	重複
	M2		460,000円 ～ 560,000円	
	M3		400,000円 ～ 480,000円	開差
リーダー（L）エキスパート（E）	L1	E1	320,000円 ～ 370,000円 ／ 310,000円 ～ 360,000円	
	L2	E2	280,000円 ～ 330,000円 ／ 270,000円 ～ 320,000円	重複
	L3	E3	240,000円 ～ 290,000円 ／ 230,000円 ～ 280,000円	開差
スタッフ（S）	S1		195,000円 ～ 225,000円	
	S2		175,000円 ～ 205,000円	重複
	S3		155,000円 ～ 185,000円	

3章

運用を継続しやすい「範囲給制度」をつくろう

また、E等級はL等級に比べて、それぞれ1万円ほど少なくなっています。そのため、S1とE3の間は「重複型」になっています。これは、役割定義において、L等級は組織を見る役割、チームとして成果を求められる役割やスキルが求められるのに対し、E等級にはそれがない、ということで水準を落としています。

工事職は技術が必要な職種ではありますが、みんながみんな、責任の増すL等級よりも、自分の技術で仕事をしていくE等級に魅力を感じ、そちらばかりめざす人が増えてしまっては困ります。

あくまでも、社員にめざしてほしいのは、L等級からM等級への成長がメインストリームということであり、そうではない人にはE等級の道もあるよ、というメッセージなのです。そのため、そこに給与の差を設けています。

次に、設計職の賃金表は次ページ上表のようになります。設計職にもE等級があります。また、職種の給与水準をみていくと、設計職は工事職よりも少し上の給与水準でした。

この表では、工事職よりもそれぞれ1万円ほど、給与水準を上に設定しています。このように縦の「M・L／E・S」等級と、横の「営業・工事・設計・本部」職を組み合わせて、範囲給の表が完成したことになります。職種により給与に差が出ることが、役割等級制度の特徴ですが、これが同一労働・同一賃金に対応しやすくなるポイントでもあります。どうして、「私はこの給与額なのか」と問われた際に、「S1の役割の仕事なので、それに対応する給与です」と、根拠を持って明確に説明できるようになるのです。

ここでは、それぞれの職種にM等級を設定していますが、実際にはM等級のない職種が出てきたり、M1の等級は、すべての職種の横断的な等級となり、境目なしで作成するケースなども比較的多くあります。

最後に次ページ下表が本部の給与です。営業職よりもM等級で4万円、L等級で3万円、S等級で2万円ほど低い水準で設定しました。本部にはE等級はありません。

92

◎設計職の賃金表◎

等級 ＼ 職種			設　計		
マネージャー （M）	M1		560,000円　　～		
	M2		470,000円　　～　　570,000円		重複
	M3		410,000円　　～　　490,000円		開差
リーダー （L） エキスパート （E）	L1	E1	330,000円　～ 380,000円	310,000円　～ 360,000円	
	L2	E2	290,000円　～ 340,000円	270,000円　～ 320,000円	重複
	L3	E3	250,000円　～ 300,000円	230,000円　～ 280,000円	開差
スタッフ （S）	S1		210,000円　　～　　240,000円		
	S2		190,000円　　～　　220,000円		重複
	S3		170,000円　　～　　200,000円		

◎本部職の賃金表◎

等級 ＼ 職種		本　部	
マネージャー （M）	M1	560,000円　～	
	M2	440,000円　～　540,000円	重複
	M3	380,000円　～　460,000円	開差
リーダー （L）	L1	310,000円　～　360,000円	
	L2	270,000円　～　320,000円	重複
	L3	230,000円　～　280,000円	開差
スタッフ （S）	S1	190,000円　～　220,000円	
	S2	170,000円　～　200,000円	重複
	S3	150,000円　～　180,000円	

3章

運用を継続しやすい「範囲給制度」をつくろう

3-5 「基本給一本」か「基本給＋職種給」か

給与の中身を検討しよう

　次の検討事項は、役割等級制度に応じた上限・下限を決めた「範囲給」について、「**基本給一本型**」で構成するようにするのか、「**基本給＋職種給型**」という構成にするのかの検討です。

　「基本給一本型」とは、その名のとおり、範囲給で設定された上限・下限、たとえばＬ３の等級で給与が30万円〜25万円の場合だったら、これをそのまま「基本給：30万円〜25万円」とする方法です。

　一方、「基本給＋職種給型」は、たとえば職種給５万円を含んだ金額として「基本給25万円〜20万円＋職種給５万円」とする方法です。

◎給与の構成はどうする？◎

300,000円

Ｌ３

250,000円

基本給一本

300,000円

基本給

250,000円

基本給＋職種給

250,000円＋50,000円

| 基本給 | 職種給 |

200,000円＋50,000円

94

「基本給一本型」にした場合は、なんといってもシンプル、わかりやすいです。社員にとっても、この等級だったら給与はいくらからいくら、ということが明確に伝わります。これは大きなメリットです。

ただし、役割等級制度の1つの特徴として、「人」に給与がつくのではなく、「役割」に対して給与がつくということがありました。

そのため、前項で賃金表を作成したように、職種によって給与水準が変わってきます。つまり、基本給一本型だと、**職種によって基本給が異なる**ことになるわけです。

一方、「基本給＋職種給型」の場合は、社員全員が、同じ等級であれば同じ基本給となります。職種ごとの給与水準の差は、職種給を設定することで、つけていくことになります。

「基本給＋職種給型」では、給与の種類が増えるため、若干複雑になりますが、大きなメリットがあります。それは、同じ会社で働く仲間なので、**職種に関わらず基本給を同じにできる**、ということです。いま、たまたま「営業」という役割の職種に就いているが、世間相場からは低いから、他の職種の給与水準とは差をつけたいといった場合に、それを「職種給」で対応しよう、という考え方です。

また、同じ等級なら同じ基本給、ということは、職種の変更（部署の異動）がしやすくなります。

「基本給一本型」の場合は、現在、営業職である社員が、もし本部に異動になり、本部の給与水準が営業より低かった場合は、同じ等級であっても基本給が下がる、ことになります。制度としては適切なのかもしれませんが、やはり抵抗があったりします。

一方、「基本給＋職種給型」であれば、営業から本部に異動になっても、基本給はそのままで、職種給のみが変更になります。

この基本給がどの職種でも変わらない、というのは、まだ家族的経営中心の中小企業にとっては、大きなメリットになります。

「同じ会社で働く仲間なので、基本給は職種によって変えたくない。基本給は、その人の実績やスキルで変わることはあっても、職

種だけの違いで差をつけない。しかし、職種に関しては世間相場もある。採用する際においても、それは無視できない部分でもあるので、職種給を設定して差をつける」というような説明をすると、たしかにそのとおり、と思っていただけることが、経営者にも働く人にも多くあります。

「その人」＝「基本給」、「その仕事」＝「職種給」という分け方で、給与を設定するイメージになります。

職種給を設定したほうがベター

実際に、弊社で賃金表を作成する場合は、「基本給一本型」と「基本給＋職種給型」は、半々ぐらいです。ただし、どちらの方式もメリット・デメリットあるので、どちらがよいか一概にはいえない…と、なってしまっては、この本の意味がなくなってしまうので、ズバリ言います。

「基本給＋職種給型」がおススメです！

理由は、前述したように、この方式のほうが、チームみんなが一緒、というような感じになるからです。

「感じになるから」などと、主観的・抽象的な言い方で申し訳ないのですが、この「チームみんな」という感じが、中小企業にとっては重要だと思っているからです。

役割等級制度ではありますが、自分の役割だけ仕事していればいい、という考えでは、中小企業では業務が回っていきません。採用する際などに、給与水準が大手企業などと異なるのは致し方なくても、基本部分は、仕事はみんなでやっていこうよ、というメッセージを発信できるほうが、メリットとなると考えています。

したがって、サンプル企業である「株式会社ハビタット」では、後者を選択して、賃金制度の構築を進めていくことにしました。

そうなると91ページ、93ページで作成した賃金表は基本給と職種給とに分割しなければなりません。

ただし、複雑にするわけではなく、一番金額的に低い職種の範囲

給を基本給とし、差額になる部分を、職種手当として設計すれば、簡単に分割することができます。

「株式会社ハビタット」では、「本部」の給与が一番低い給与水準であったので、これを基本給にして、それより多い差額部分をそれぞれの職種手当としてみました。

		基本給
マネージャー（M）	M1	560,000円〜
	M2	440,000円〜540,000円
	M3	380,000円〜460,000円
リーダー（L）	L1	310,000円〜360,000円
	L2	270,000円〜320,000円
	L3	230,000円〜280,000円
スタッフ（S）	S1	190,000円〜220,000円
	S2	170,000円〜200,000円
	S3	150,000円〜180,000円

＋

職種手当		
営業M 40,000円 （M1を除く）	工事M 20,000円 （M1を除く）	設計M 30,000円 （M1を除く）
営業L 30,000円	工事L 10,000円	設計L 20,000円
営業S 20,000円	工事S 5,000円	設計S 20,000円

上表のように、「基本給」＋「職種手当」によって、範囲給にあたる給与部分が構成されます。

役割等級については、その人としての基本部分は、たとえ仕事が変わっても同じであり、その仕事に対しての差に関しては、職種手当という形でつける「いいところ取り」の給与制度となります。

また、契約社員（C）は、それぞれの該当する等級の80％の給与、パートタイマー社員（P）も、同様に80％として、時給換算分の金額に設定します（最低賃金に注意）。

契約社員（C）	それぞれ該当等級の80％とする	（時間按分・時給換算あり）
パートタイマー社員（P）		

3-6 「積み上げ型」と「洗い替え型」のどちらを採用するか

「積み上げ型」が一般的

　二択が続きますが、ここでもう一つ、選択肢の検討です。

　範囲給は、その上限・下限のなかで給与が決定します。毎年、評価の結果によって給与が上がって（もしくは下がることも）いくのですが、この給与の上がり方には2つのパターンがあります。一つは「積み上げ型」、もう一つは「洗い替え型」です。

　一般的には、「積み上げ型」を用いている会社が多いですが、それぞれの特徴についてみていきましょう。

　積み上げ型は、毎年、前年の給与額が基準になって上乗せして上がっていく方式です。たとえば、昨年の給与額が25万円で、今年の評価の結果、5,000円の昇給額だったら、25万円に5,000円が積み重なって、25万5,000円になります。

◎前年の給与に積み上げていく「積み上げ型」◎

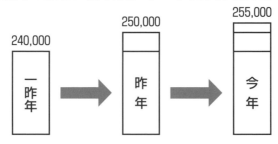

　一方、「洗い替え型」は、毎年、前年の給与額はリセットされ、評価の結果で、その等級のどこに位置するかが決まる方式です。たとえば、「22万円〜25万円」の等級の社員の給与が昨年は24万円であったとしても、いったんその金額はなくなり、評価の結果がよか

ったら、その等級の上のほう、たとえば24万5,000円となります。評価が低かったら、その等級の下のほう、たとえば22万5,000円になります。

◎毎年、給与額をリセットして上下する「洗い替え型」◎

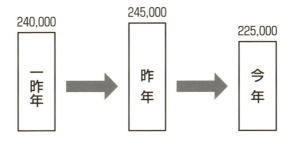

「積み上げ型」は、昇給額が一気に変わることはなくても、スキル向上などとともに、給与は右肩上がりになっていくような形になります。毎年の成長に合わせて給与が上がっていくイメージです。

一方、「洗い替え型」は、評価の結果により、金額の大きな上下動があります。頑張ったことは、すぐに大きく反映されます。しかし、評価の結果が悪かったときの減額幅も大きく、一昨年、昨年は頑張っていても、今年の評価が低ければ、給与は一気に下がります。過去の実績は関係なくなるわけです（とはいっても、知識・経験・習熟といった積み重ねがあるので、下がるよりは上がる傾向にあります）。

範囲給制度を導入するなら、毎年リセットされる「洗い替え型」が本来の範囲給の機能を活かすやり方なのかもしれませんが、働いている人にとっては不安定なやり方です。だから実際には、「積み上げ型」を採用している会社がほとんどです。

サンプル企業の「株式会社ハビタット」も、まずは比較的オーソドックスな方式である「積み上げ型」を採用することとします。

3-7 各種手当にはどんなものがあるか

📝 どんな目的で支給するのか

前項までで、いわゆる基本部分の給与について決めてきました。ここでは、それ以外の「**手当**」について決めていきます。

手当といっても、本当に数多くのものがありますが、手当にはそれぞれ、その支給の根拠となる「なぜその手当を払うのか」という理由があります。

部長に就いてもらっているから、部長の責任、裁量に対しての「**役職手当**」、設計士の資格を持っているから、それを活用してもらうための「**資格手当**」、住宅ローンにお金がかかるので、その分を多少会社が面倒見るよ…という理由での「**住宅手当**」などがありますが、これらの「各種手当」は、会社ごとにオリジナルな支給内容になっていることが多いです。

また、会社として、「うちの会社はこのようなことを大事にしている」というメッセージを伝える目的でも、手当を支給する意味があります。たとえば、わが社は勤怠がちゃんとしている人を求めているので「**皆勤手当**」は厚めに支給する、家族を養っている人を応援したいので「**家族手当**」を充実させる、等々です。

たとえば、世の中にはどんな手当があるのか、一般的な会社で主に導入されている手当を一覧にしてみたのが次ページの図です。もちろん、これ以外にもさまざまな名称の手当があります。単身赴任手当、特殊作業手当、寒冷地手当、現場手当、宿直手当、責任者手当、早朝手当…などです。

それぞれ、業務内容や事業の種類で名称なども変わりますが、まずはオーソドックスなものを図にあげました。

100

◎よく支給されている主な手当の種類◎

仕事に関する手当	生活に関する手当	法律で決まっている手当	その他の手当
役職手当 資格手当 営業手当 技能手当 皆勤手当	家族手当 住宅手当 地域手当 通勤手当	時間外割増手当 休日割増手当 深夜割増手当	固定時間外手当

　そして、手当で大事なのは前述した「メッセージ」です。メッセージとは、わが社はどうしてこの手当を支給するのか、という根拠です。上図の代表的な手当について、メッセージの一例をあげてみたのが次ページの表です。

　サンプル企業である「株式会社ハビタット」では、まずはオーソドックスに、「**役職手当**」「**資格手当**」「**家族手当**」「**通勤手当**」を設定することにしました。

　また、法律で決まっている「**時間外割増手当**」「**休日割増手当**」「**深夜割増手当**」も必要ですので設定しています。

　そして、もう一つ「**固定時間外手当**」を設定することにしました。

　これは、あらかじめ固定の給与として、たとえば「時間外労働を行なう見込みがあるので、あらかじめ30時間分を固定給与として支払う」というものです。

　中小企業では、この「固定時間外手当」（固定残業代、定額残業代

◎主な手当に関するメッセージ◎

	名称	どんな内容か	メッセージ
仕事に関する手当	役職手当	部長や課長などの任命された役職に対して支給	裁量と責任が増える分、頑張ってね！
	資格手当	持っている資格に対して支給。活用している場合に支給することが多い	知識や技術を高めていこう！
	営業手当	外回りの営業をする社員に支給	外でいろいろお金がかかる分を見るね！
	技能手当	専門の技能を必要とする職務についている場合に支給	君にしかできない仕事を評価しているよ！
	皆勤手当	欠勤や遅刻・早退などがなく、勤怠が優秀な場合に支給	ちゃんと会社に来て仕事をすること自体、いいことだ！
生活に関する手当	家族手当	一定の要件の家族がいる場合に支給	家族を大切に！
	住宅手当	住宅に関する費用を負担している場合に支給	安定した生活を応援しているよ！
	地域手当	住んでいる地域での生活費負担の違いなどに応じて支給	負担がある分、会社も少し見るね。
	通勤手当	会社までの通勤にかかる交通費などを支給	通勤にかかった分は、払います！
法律で決まっている手当	時間外割増手当	決まっている労働時間を超えて働いた分を支給	長い時間お疲れさま！
	休日割増手当	決まっている休日に働いた場合に支給	休日にお疲れさま！
	深夜割増手当	22時〜5時までの間に働いた分を支給	普通は働いていない時間にお疲れさま！
その他の手当	固定時間外手当	仕事の内容が法定の労働時間を超えることが必要なため、あらかじめその分を支給	仕事の都合で、ふだんから時間外労働があるので、先に設定しているよ！

◎株式会社ハビタットの手当一覧◎

役職手当	部 長	50,000円
	課 長	20,000円
	リーダー	10,000円
	主 任	5,000円

資格手当	一級建築士	20,000円
	二級建築士	10,000円
	宅地建物取引士	20,000円
	インテリアコーディネーター	5,000円

家族手当	配偶者	10,000円
	子ども一人につき	5,000円
	※対象は健康保険上の被扶養者とする	

通勤手当	公共交通機関	一か月の定期代
	マイカー・バイク	ガソリン代（別表）
	自転車	500円／月

割増手当	時間外割増手当 （1日8時間、週40時間超）	25%増
	休日割増手当 （週で1日も休まなかった場合に最後の1日の労働時間）	35%増
	深夜割増手当 （22時～翌5時の深夜時間）	25%増

固定時間外手当	一部指定した社員	20時間分の金額で、個別に通知する

などと呼ぶこともあります）を、設定することが比較的多くあります。

　ただし、この手当を設定するには、適正に支払われていることを確保するために、いくつかクリアしないといけない要件がありますので、次項で詳しく解説します。

基本給と各種手当の支給割合は？

　さて、これらの手当については、支給対象者や支給金額などをそれぞれに決めなければなりません。たとえば、役職手当で、部長だったら５万円、課長だったら２万円、資格手当については、一級建築士だったら２万円、二級の場合は１万円、というような感じです。家族手当についても、その構成によって金額は変わります。

　それらを一通り例にしたものを、「株式会社ハビタット」で決めたもので見ていきましょう。一覧にするとわかりやすいので、前ページに表にしてまとめています。

　ちなみに、基本給とこれらの各種手当は、どれくらいの比率で支給すべきなのでしょうか。

　これも、会社によって本当にバラつきがあるのですが、おおまかには、基本給部分が90％、仕事に関する手当部分が４％、生活に関する手当部分が５％、その他が１％ぐらいが一般的のようです（毎月、支給額が変わる時間外割増手当などは除きます）。

契約社員「Ｃ」とパートタイマー「Ｐ」の手当は？

　基本給部分は、それぞれ80％の支給としていましたが、手当はどうすればよいでしょうか。同一労働・同一賃金の問題はありますが、実態としては個別案件ごとに判断されるので、現時点で明確に区分するのは難しいところです。ただし、サンプル企業の「株式会社ハビタット」では、以下のように取り決めました。

- 「Ｃ」および「Ｐ」には役職の設定をしないため、役職手当はつかない
- 資格手当、家族手当、通勤手当に関しては、正規・非正規の違いによって、目的・性質が変わるものではないので、支給する（労働時間による按分）。
- 賞与は「役割」に応じた基本部分としての賃金であるため、「Ｃ」および「Ｐ」には支給しない。

104

3-8 「固定時間外手当」の考え方

毎月発生する残業時間をあらかじめ見込んでおく

　前項で紹介した「固定時間外手当」は、ハローワークなどに求人票を出す際には、必ず記載しなければなりません。

　一部では「固定時間外手当」を導入しているところは、「ブラック企業」と言われたりすることもあります。

　本書のサンプル企業である「株式会社ハビタット」の例で固定時間外手当の制度を導入したのは、個人的には、この手当は業種によっては必要なもので、働く側・会社側の双方にメリットがあるものだと思っているからです。

　現在、企業で行なわれている仕事には、どうしても「時間きっちり」には終わらない働き方をする場合が多くあります。

　かつての製造業など、工場中心の働き方なら、作業時間がきっちり決まっていて、監督者が作業を管理しているのであれば、その決まっている時間がきっちり業務時間となり、そして、それを超えた時間については割増手当を支払う、というのはもっともです。作業する負担が大きくなれば、それに報いるのは当然のことです。

　しかし、いまはそうではない働き方が多くなっています。たとえば、情報の収集などは仕事の成果につながるため、所定の労働時間外でも仕事につながる行動をすることは必ずあります。業務時間外の私用時間であっても、サービスが多様化しているなかで、取引先などにメールなどの対応をすることもあるでしょう。

　それ以外でも、アミューズメント施設などで、営業時間を考えると、法定労働時間を超える9時間ぐらい勤務するのが適していたり、学習塾などで、午後から夜遅くまで勤務するのが通常である場合など、勤務時間は業種や仕事内容によって特性があるわけです。

それらの要素を、決められた労働時間やそれを超えた場合の時間外手当の支給で対応することには、多少なりとも無理がある場合があります。それを調整するためには、固定時間外手当の制度は、会社も社員もお互いによい制度として活用できるのではないでしょうか。もちろん、適切に運用できれば、ですが。

　時間外労働への対応はどうしても発生する業務ですが、でも、そのつど細かく記録していくのは、手間も労力もかかりすぎます。だったら、だいたいでも実際の時間外労働時間を下回ることのない時間、たとえば毎月20時間分あるものとしてその分を固定給として支払う、という制度は、お互いに合理的なものであると思っています。

　しかし、イメージが先行しているためか、固定時間外手当の制度を採用している企業は「ブラック認定」されてしまったりします。結果として、会社がこの制度を採用しないと、働く人の労働時間管理を徹底させ、きちんと記録しなければならない必要が出てきます。

　両者が気持ちよく活動していくためには、多少あいまいであっても、これでやっていこう、とあらかじめ決めておくことは、本来、より仕事がやりやすくなるはずのものではないでしょうか。

　個人的意見はさておき、この固定時間外手当の制度を採用する場合には、以下の要件をクリアしないと、認められません。しっかりと押さえておきましょう。

◎固定時間外手当を採用できる要件◎

①就業規則で固定時間外手当について規定していること
②何時間分で金額がいくらかが、契約書や給与明細書に記載
　されていること
③設定した時間を超過した場合には時間外手当が支払われる
　こと

3-9 賞与の決め方

支給時期、算定期間、算出方法を決めておく

　「賞与」は一般的には、夏と冬の2回支給されることが多いもので、毎月の給与とは別に、一時的に支給される代表的な賃金です。

　ただし、「賞与」にはいろいろな考え方があります。

　お盆や年末年始のお金が必要なときのために、毎月の給与の○か月分をその時季だけ増やして払うという目的の賞与。毎月の給与ではなかなか個人の実績を反映できないので、成果や評価にもとづく個人別の査定を反映する賃金としての役割の賞与──といった考え方もあるでしょう。賞与は一時金であるため、業績のよいときはたくさん支給できるし、ダメなときは抑えることができるという性質があります。業績に合わせて支給することができるわけです。毎月の給与では、これが難しいわけですね。

　サンプル企業の「株式会社ハビタット」では、賞与について下表のように決めました。支給額のベースは夏と冬にそれぞれ月額給与の1か月分（年に2か月分）として、それぞれ、本人の評価と会社の業績によりプラス分などを算出するものとしました。

◎株式会社ハビタットの賞与の支給制度◎

	支給時期	算定期間	算出方法
賞与	6月	10月～翌年3月	給与1か月分をベースに本人評価と会社業績に応じて支給額を算出
	12月	4月～9月	

107

3-10 賃金制度の体系をまとめると

賃金体系をきちんと運用するのが賃金制度

最後になりましたが、賃金制度の体系について簡単に解説して、この章のまとめにしたいと思います。

「賃金制度」は、文字どおり、働く人の賃金を決める制度ですが、一口に「賃金」といっても、幅は広く、前項まで見てきたように「基本給」から「各種手当」「時間外割増手当」「賞与」などがあります。これらをまとめたものが、「賃金体系」となり、それぞれどのような基準で支払うか、どんな計算を行なうかを決めたものが「賃金制度」となります。

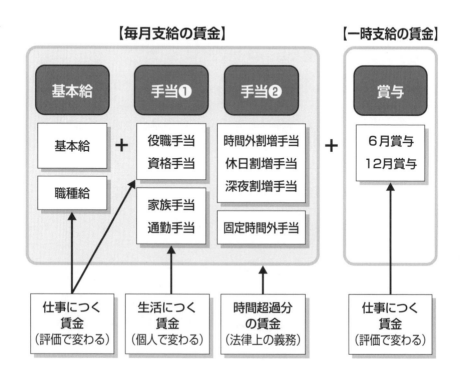

◎「株式会社ハビタット」Ａ４一枚賃金制度◎

基本部分（基本給＆職種手当）＋各種手当＋割増手当＋賞与で構成されています。

【基本部分】

等級		基本給（範囲給）
マネージャー（M）	M1	560,000円～
	M2	440,000円～540,000円
	M3	380,000円～460,000円
リーダー（L）	L1	310,000円～360,000円
	L2	270,000円～320,000円
	L3	230,000円～280,000円
エキスパート（E）	E1	310,000円～360,000円
	E2	270,000円～320,000円
	E3	230,000円～280,000円
スタッフ（S）	S1	190,000円～220,000円
	S2	170,000円～200,000円
	S3	150,000円～180,000円

＋

職種手当		
営業M 40,000円（M1を除く）	工事M 20,000円（M1を除く）	設計M 30,000円（M1を除く）
営業L 30,000円	工事L 10,000円	設計L 20,000円
―	―	―
営業S 20,000円	工事S 5,000円	設計S 20,000円

契約社員（C）	それぞれ該当等級の80％とする（時間按分・時給換算あり）
パートタイマー（P）	

【諸手当】

役職手当	部　長	50,000円
	課　長	20,000円
	リーダー	10,000円
	主　任	5,000円
資格手当	一級建築士	20,000円
	二級建築士	10,000円
	宅地建物取引士	20,000円
	インテリアコーディネーター	5,000円
家族手当	配偶者	10,000円
	子ども1人につき	5,000円
	※対象は健康保険上の被扶養者とする	
通勤手当	公共交通機関	1か月の定期代
	マイカー・バイク	ガソリン代（別表）
	自転車	500円／月
割増手当	時間外割増手当（1日8時間、週40時間超）	25％増
	休日割増手当（週で1日も休まなかった場合に最後の1日の労働時間）	35％増
	深夜割増手当（22時～翌5時の深夜時間）	25％増
固定時間外手当	一部指定した社員	20時間分を個別に通知する

賞与	年2回、1か月をベースに評価・業績により決定（契約社員「C」およびパートタイマー「P」を除く）

3章

運用を継続しやすい「範囲給制度」をつくろう

Break time

評価は賃金と連動させない？

　この本のタイトルは『「Ａ４一枚」賃金制度』となっていて、内容もシンプルな賃金制度、つまり給与や賞与を支給する制度のつくり方のノウハウをまとめた本です。

　それなのに、評価について「賃金（給与・賞与）と連動させない」というのは、内容とそぐわないのでは…、と思われることでしょう。そこで、このコラムでその意味を説明させていただきます。

　弊社で実際に人事制度を構築、導入している場合、半分ぐらいの会社が、人事評価は給与・賞与とは連動させずに切り離しています。

　人事評価は実施するのですが、それで出た結果、たとえば「総合Ａプラス評価」とか「通期合計73点」といったように出た結果に従って、昇給額や賞与額を決めないのです。給与や賞与の額は、あくまでも会社の利益次第です。

　利益が出て、賞与をたくさん出せるときは、それぞれの社員の等級に応じた配分で出すようにする、もしくは多少"鉛筆なめなめ"でも、経営者の判断で差をつけて、支給額を決めるのです。

　「いやいや。これは人事制度の本ではないのか。それではいったい何のために評価をしているのだ」と、怒られてしまうかもしれませんが、もちろん、メリットがあるから切り離すのです。

　では「何のために」人事制度を導入するのかというと、「**人材育成と業績向上のため**」です。

　これこそが人事制度がもたらしてくれる一番の大きなメリットです。人事評価を賃金制度と切り離しても、これは実現できます。いやむしろ、切り離してしまったほうが、大いにその効果が発揮できるのです。

　一般的に、出てきた評価結果は次のような昇給表などと連動して、反映させることが多いです。

◎昇給額表の例◎

	S3	S2	S1	L3	L2	L1	M3	M2	M1
S	10,000	12,000	14,000	20,000	25,000	30,000	40,000	50,000	60,000
A	5,000	6,000	7,000	10,000	12,000	14,000	20,000	25,000	30,000
B	2,000	3,000	4,000	6,000	7,000	8,000	10,000	13,000	16,000
C	1,000	2,000	3,000	4,000	5,000	6,000	7,000	8,000	9,000
D	500	1,000	1,500	1,000	2,000	3,000	0	0	0
E	300	500	700	0	0	0	-3,000	-4,000	-5,000
F	0	0	0	-1,000	-2,000	-3,000	-7,000	-10,000	-13,000

　このような明確な昇給表をつくって従業員にオープンにして、これだけの評価を取ったら、これだけお金が増えますよ、と示していくのは、「にんじんぶら下げモチベーション」方式です（私が勝手に名付けています）。

　では、これの何が問題なのか。

　会社、とりわけ中小企業は、毎年同じように昇給させていくことは難しいのです。年によって業績は大きく異なります。大手企業のようにベースアップや定期昇給を実施することは、厳しい場合もあります。そのようななかで、上記のような昇給表をオープンにしていたとします。すると、いまさら金額を変えることはできません。

　では、何が起きるかというと「調整」です。「評価自体の調整」が始まるのです。

　たとえば、Ｍ３等級のＫさんという社員がいます。Ｋさんは、今期は自他ともに認める素晴らしい頑張りで、「Ａ」評価を取りました。しかし、会社自体は円高や法改正、ライバル企業の台頭もあり、我慢の時期で、赤字となる状況です。

　Ｍ３等級のＫさんの評価はＡですから、上記の表に当てはめると、２万円の昇給…。でも、今期の状況ではそんなに上げることはできない、となってくると、始まるのが「評価の調整」です。

　２万円は難しいけれど、なんとか7,000円なら…ということで、Ａであった評価を「Ｃ」に調整する作業が始まります。満点の５点

だった「リーダーシップ」という評価項目を4点にして、4点だった「コミュニケーション」という評価項目を3点にして…。すると、「よかった、よかった。なんとかCに収まった。よし、Kさんは7,000円の昇給で決定。では次の社員は…。これはまったく、よくないことですよね。

　自他ともに頑張ったと認めていたKさんのモチベーションはどうなるでしょうか。会社はちゃんと見てくれない、頑張っても結局は評価を調整されてしまうのだろう、と気持ちが離れていきそうです。

　一方、逆のケースもあります。配置転換で新たに配属になったTさんがいました。同じくM3等級です。

　評価した結果、期待より全然ダメでTさんの評価は「E」となりました。3,000円の降給です。しかし、辞めてしまったら困るな、やる気をなくしても困るし、生活が大変だと言っていたし…。そこで、E評価をD評価に調整する作業のスタートです。1点だった評価項目を3点に、2点だった評価項目も3点に…。よしよし、なんとかB評価になったぞ。よかった、よかった。

　これもまったくよくありませんね。このTさんは、できないところが明確にならずに、評価ポイントが上がってしまっているのです。

　本来、人事評価では、**「成果を出したこと、成長したこと」は大いに評価して、動機づけにつなげたい**のです。会社はしっかり頑張っていることを見ているよ、と伝えるべきなのです。

　一方、**「足りなかったこと、まだ身についていないこと」は、本人も上司も課題として認識して、次期以降の成長につなげていってもらいたい**のです。

　評価を調整すると、そのどちらもできなくなってしまいます。

　人事評価を賃金と切り離すと、どちらも大胆に思い切ってできるようになります。成果や成長が明らかな人は大いによい点をつけ、課題のある人にはしっかりと低い点をつけて、認識してもらう。賃金を決めるための「調整」という呪縛から逃れられるのです。

4章

効果抜群の「Ａ４一枚評価制度」をつくろう

4-1 「Ａ４一枚評価制度」を構築しよう

なぜ「Ａ４一枚評価制度」をおススメするのか

　等級制度、賃金制度ときて、この章では、人事制度を構築する３本柱の最後である「評価制度」の構築です。

　ここでもまず結論からいうと、「人材育成・業績向上」を目的に考えるのであれば、「Ａ４一枚評価制度」の導入をおススメします。

　「Ａ４一枚評価制度」とはなんだ？　と思われるでしょう。そう思われるのも、ごもっともです。

　これは、２章の「役割等級制度」、３章の「範囲給制度」というように、一般的な名称ではなく、弊社オリジナルの評価制度の名称です。

　評価シートの中身は、通常の人事評価制度で用いられるような項目が記載されています。ただし、そこにはいろいろな工夫を盛り込んでいて、何より「Ａ４一枚」でシンプルに評価しようというコンセプトの評価制度です。

　使うシートが特徴的なだけではなく、評価項目の内容のつくり方、評価のつけ方、運用のしかたなどにおいても、随所に工夫している部分があるので、この４章では、そのポイントを説明していきます。

　なぜ、このようなシンプルな評価制度をおススメするかというと、人事評価を行なう際に一番大事なものとなる「目的」のためです。

　そして、その「目的」とは、前述したように「人材育成」と「業績向上」です。

　この効果を最大限に発揮するために、シンプルで継続運用が可能な「Ａ４一枚評価制度」を導入、運用していきましょう。

　次ページに、サンプルの評価シートを１枚載せました。このような評価シートが完成したイメージです。

114

◎Ａ４一枚評価シート（株式会社ハビタットの営業Ｌ等級の場合）◎

株式会社ハビタット		所属	等級	上長氏名	本人氏名
○○○○年　第○期　上期　評価シート		営業部	L3	根亜　瑠子	榎本　あつし

今期の会社目標	コミットサイン
①売上前年比110%の達成　②残業時間前年比20時間の削減　③健康経営の確立	

今期の組織目標	期初面談日	期末面談日
①売上前年比110%の達成　②組織の残業時間前年比合計100時間　③病気欠勤を減らす	年　月　日	年　月　日

●目標達成度基準　【S】大幅に上回って達成　【A+】上回って達成　【A】達成　【B+】達成に少し届かず　【B】達成に届かず　【C】達成に大幅に届かず

		今期の達成目標基準	達成のためにすること、計画など	ウェイト 3	達成度評価 本人	一次	最終
成果・達成	1	個人売上 前年比120%増	お客様に喜ばれるように、手紙を毎回必ず送る。お客様にメリットのある提案書を作成して提出する（7月まで）。追加業務の依頼を必ずおうかけするようになる。売上の高いお客様にヒアリングをして、需要をレポートにまとめる（6月まで）。まとめたものの実施計画を立て、進めていく。	1.5			
	2	個人の残業時間 前年比20時間削減	労務管理のセミナーを受講して、チームメンバーに受講内容を講義する。自分自身の無駄な時間の洗い出しをし、一覧を作成して上司と相談。減らす仕事を決める（5月まで）。決めたことを実施していき、進捗を上司に報告する。金曜日に翌週の残業スケジュールをつくり、早めに残業申請をする。	1			
	3	健康診断の結果を すべてB以上にする	毎日、体組成計に乗り、体重、体脂肪などのグラフをつける。ランチのときの弁当は脂質・塩分を必ずチェックしてから買う。スマホアプリを使って、毎日プランクを10分必ず行い記録していく。	0.5			

●能力・姿勢等基準　【S】すべて模範となる発揮　【A+】大きく発揮　【A】ほぼ発揮している　【B+】少し課題あり　【B】課題あり　【C】課題が多くあり

		評価項目	具体的な行動・振る舞い	ウェイト 7	発揮度評価 本人	一次	最終
役割・スキル	4	継続力	やるべき仕事や、積み重ねが必要な仕事を、途中で投げ出したり、尻すぼみにならずに続けられる。短期的な成果にとらわれずに、中長期的な目標に向かって、ふだんやることを継続できる。	0.5			
	5	トラブル対応	業務におけるトラブルが起きた時の適切な対応ができている。自身だけではなく、まわりのトラブルへの対応もできている。クレームなどに関する適切な対応力がある。				
	6	コスト意識	事業の運営、業務の遂行において、どれくらいコストがかかっているかの知識がある。また、常にそれを改善していこうとする姿勢がみられる。金銭だけではなく、時間や労力も含まれる。	1.5			
	7	企画・提案力	業務の改善や、顧客満足度向上、職場環境など、さまざまなことに対して、よりよくなるための企画や、提案をすることができる。受け身ではなく、自ら考えて発信できている。メリット・デメリットもとらえた、企画・提案ができる。	1			
	8	信頼力	上司、部下、顧客や取引先などから、信頼を得られている。誠実な振る舞い、約束を守る、責任を持つ、などが、ふだんからできている。	1			
	9	リーダーシップ	目的、目標を明確に示し、活躍しやすい環境環境を整え、的確な指示命令を出し、組織を引っ張っていくことができる。リーダーとしての魅力があり、部下が尊敬していてついてくる。日々の業務においての指示、指導が適切にできている。知識・技術を身につけての指導ができる。	1			
	10	業務委任	自分自身で仕事を抱えるのではなく、組織としてよりパフォーマンスを高めるための部下や、他部署、外部などへの業務委任ができている。委任することで、より組織が強くなり、組織全体での貢献ができるようになっている。	1			

		評価項目	具体的な行動・振る舞い	ウェイト 5	発揮度評価 本人	一次	最終
姿勢・態度	11	規律性・ルール遵守	就業規則に定められた内容を守っている。職場で決めているルールを知っており、理解している。不正をしたり、「ずる」をしたりして、風紀を乱すようなことをしていない。職場のルールを主体的に守り、まわりの模範となっている。	1			
	12	協調性・ チームワーク	自分勝手、自分中心ではなく、まわりもやりやすいような仕事のしかたができている。一緒に働く仲間を気づかい、サポートすることができている。チームの一員として、チームワークを乱すことなく、貢献するような言動ができている。	1			
	13	積極性・前向きさ	何事にも、否定から入らずに、前向きにとらえている。指示待ちやこなすだけの仕事のしかたではなく、自分から取り組み、常にもっとよい仕事にしようと工夫している。できない・わからない、ではなく、どうしたらできるか、まずはやってみようというような動きをしている。	1			
	14	気配り・思いやり	現在の状況や、これからどうなるかなどを予知・考慮して、よりよい判断や、振る舞い、声掛けなどができている。常にまわりに気を配り、相手の気持ちを察して、最善の行動がとれている。相手の心情などを気づかい、声をかけたりしている。	1			
	15	チャレンジ・向上心	いまの自分自身よりも、より上の仕事や難しい仕事に自らチャレンジしている。新しい仕事やプロジェクトなどがあったら、主体的に自ら参加し、取り組んでいる。より自分自身の知識やスキル向上に関心を持ち、積極的に勉強したり、研修などに参加している。	1			
	★16	その他					

4-2 「Ａ４一枚評価制度」とは？

「Ａ４一枚」であることの意義

　「Ａ４一枚評価制度」とは、文字どおり、評価シートを前ページのようなＡ４一枚に集約して使っていく評価制度のことです。

　では、なぜ、Ａ４一枚なのでしょうか？

　その名称がコピーとして目立ちやすい、世の中には「Ａ４一枚○○」みたいなものがよくあってわかりやすい、というようなマーケティング要素もちょっとはあるのですが…。それよりも何よりも、Ａ４一枚だと「使いやすさ」がとてもよいのです。

　人事評価で大切なのは、一にも二にも「運用」です。いかに使っていくかが大事であり、使わなくてはまったく意味がないのです。

　評価シートをつくったはいいが、半年間、一度も見ることはなく、評価するときだけ、上司も部下も思い出したように引っ張り出してきて、お互いになんとなく評価点をつけている——これでは、まさしく、成果を出せない、成長にもつながらない、「効果のない」人事評価です。

　いかに、日々活用しているか、成果の進捗を追いかけているか、自身の成長課題を意識してふだんから取り組めているか、それについて上司と部下でどれだけコミュニケーションが取れているか——これをしっかりやれるかどうかに、人事評価がその機能である「人材育成」や「業績向上」に効果を発揮できているかどうかのポイントがあるのです。

シンプルだけど楽ではない

　「使ってナンボ」を実現するために、世の中で一番普及していて使いやすい紙の大きさである「Ａ４一枚」で評価していこう、とい

うのがこの制度のコンセプトです。

ただし、一つ注意しなければならない点があります。「Ａ４一枚評価制度」はシンプルだけども、決して「楽」なわけではありません。

シンプルにＡ４一枚としたのは、いつでも・どこでも確認できて、社員が自身で課題に気づき、上司も状況がわかりやすいからです。そしてお互いに、より密に状況確認を行ない、取組みを進めるためのコミュニケーションの頻度を増やしていくわけです。

そこには、手間も苦労もかかりますが、これを惜しんではいけません。ここにどれだけ力を入れられるかに、評価制度の成功のカギがあります。

評価制度がうまくいっていない会社は、ここをすっ飛ばしています。目標の進捗や、育成課題など、本人も上司も何も確認していなくて、半年・１年後に査定だけ行なっている——。

たしかに手間はかかっていないかもしれませんが、これでは効果を発揮することもなく、評価する時期には苦労して、そして上司がふだん見ていないものだから、部下の不満にもつながり、お互いにつらい思いをしているだけ、というような、まさしく評価制度が「形骸化」している状態です。

そうならないためには、いかに制度を使っていくか。使うことに手間暇をかけても、無駄なことには労力をかけないようにします。

無駄に工程が多かったり、シート枚数が複数あるため何枚も一緒に確認しないといけなかったり、評価の項目数が多すぎて、部下も上司も何をめざしていけばいいのか見当もつけられなかったり、という必要のない苦労ばかりします。

そんな無駄な苦労をしないようにするために、そして重要なことだけに集中して評価を行なっていくための制度が、シンプルな「Ａ４一枚評価制度」というわけです。

4-3 Ａ４一枚で「行動コスト」を抑える

「行動コスト」とは何か

「行動コスト」とは、聞きなれない言葉かと思いますが、要は、目標までどれだけ行動しなければいけないかというコスト（手間数）のことです。

弊社には、小さいのですが、十数名入れるセミナールームがあり、たまにここでセミナーや勉強会などを開催しています。

その際にたいてい、飴やチョコなどのお菓子や飲み物などを出すのですが、これが終了後に余ってしまうのです。すると何が起きるかというと、ついつい私が仕事中にこのお菓子を食べてしまうのです。ダイエット中なのにもかかわらず、です。

私の「意思が弱い」から食べてしまう、というのは、たしかにそのとおりなのですが、それ以上にこの「行動コスト」の問題が大きいのです。

セミナー後、お菓子はもともと入っていた大きな袋から出した状態で、小分けになっています。そして、お皿に乗ったまま、事務所の空いているデスクの上に置いてあります。ちょっと手をのばせば、ワンアクションで食べることができるのです。

「行動コスト」が小さいのです。だから行動する…。

これが、ふだんは入らない部屋で、脚立に上らなければ届かない上のほうの棚に、大袋のまま缶に入れて保管しているお菓子であったら、おそらく私は食べていないでしょう。「行動コスト」が大きいのです。まぁ、一言でいえば「面倒くさい」を理屈っぽく言っているだけかもしれませんが。

しかし、仕事に行き詰まって、息抜きについついお菓子を食べたくなってしまう意思の弱い私であっても、この「行動コスト」に面

118

◎行動コストは小さいか、大きいか◎

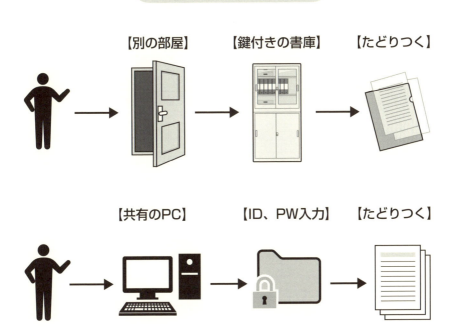

倒くささがあると、目的までの行動をしなくなるということが可能になります。意思に「しくみ」が勝つ環境をつくることが大事なのですね。逆に考えると、望ましい目的に対して、**「行動コスト」が大きいと、人は動かなくなってしまう**、ということなのです。

勉強したい人は常に参考書とマーカーを机に出しておく、お金を貯めたい人はダイニングテーブルに貯金箱を置いておく、鼻をかみたい人は手の届くところにティッシュを置いておく、というしくみの工夫で、望ましい行動がすぐに起こせるようになります。

ちょっと長くなってしまいましたが、言いたいことは、評価制度でやりたいこともまさにこれと同じだということです。

社員に成果を出してもらうためにも、人材育成につなげるためにも、進捗確認やフィードバックなど、ふだんからのコミュニケーションがとても重要です。

部下は部下で、自分自身の今期の目標は何だったのか、成長するために何をめざしていくのか、伸ばしていくスキルは何なのかを気づく機会、振り返る機会をつくること。上司は上司で、部下が何を目標にしているのか、どこまで進んでいるのか、課題は何なのか、何ができるようになってほしいのかを確認することが大事です。

期間中に、この行動を実行し、お互いのコミュケーションを取ることが、成果の実現や成長につながるわけですが、「行動コスト」が大きいと結局は何もやらなくなって、期末まで「ほったらかし」になっていることが多いのです。部下も上司もお互いにです。

めざす目標や、伸ばしてほしいスキルなどは、しっかり評価シートに項目として記載されているのですが、これを見る機会をつくっていない、そして使っていない状態では効果を発揮しません。

残念ながら、うまく運用できずに、評価制度が形骸化している会社は、このパターンがほとんどです。

制度をつくったけれども使っていない。こうならないように、シンプルにして使いやすい、「行動コスト」を引き下げるしくみの評価シートにしておくことがとても重要なのです。

120

4-4 評価する項目は大きく3つ

3つの評価項目とは

「Ａ4一枚評価制度」では、そのシートのなかが、主に次の3つの評価項目で構成されています。

成果・達成　　　**役割・スキル**　　　**姿勢・態度**

115ページの「株式会社ハビタット」のサンプルシートでは番号が振ってありますが、「成果・達成」が1〜3、「役割・スキル」が4〜10、「姿勢・態度」が11〜15となっています。

この3つの大項目がどのようなもので、どんな意味があるのかを知っておくことはとても重要です。一つひとつ解説していきましょう。

「成果・達成」項目

評価シートの上部は、いわゆる「成果・達成」というもので、個人が1年間もしくは半年間などの期において、達成すべき目標が入る項目です。一般的には、「目標管理制度」として、他の2つの項目とは切り離して評価を行なっているケースもあります。

標準の評価シートでは目標を3つほど立てるように枠をつくり、その目標に対してどれくらい成果を出したか、達成したかを評価していきます。

この評価部分は主に、その会社のその期の業績に影響を与えるものになり、「短期的な会社の業績」につながるものです。そのため、ここの結果部分は、同じく短期的な還元要素の強い一時金、つまり

121

賞与に反映していきます。

　個人の目標達成基準は、会社や組織の目標につながるように設定します。組織の管理者は、部下が目標を設定し、その目標を各自が達成したら、組織の目標も達成できるような構成でまとめていく必要があります（だからこそ、短期的な業績が上がり、その個人の賞与も増やせるのです）。

　「成果・達成」項目は、目標基準とそれを実現するための作戦（プロセス）で構成されます。そして、基準に対して成果はどうだったか、基準を超えていたか、足りなかったかという結果で評価します。

　成果を出したかどうか、目標を達成したかどうかというのは、外部要因がとても大きいものです。運だったり、ライバル企業の問題だったり、法律や為替など、自分が頑張っただけでは必ずしも達成できるかどうかはわからない、不確定な要素があるのです。

　結果は出なかったけれど、頑張った部分、いわゆる「プロセス」は評価すべきなのかどうなのか、とよく質問されます。しかし、あくまでも「プロセスは評価しない」が原則です。

　プロセスをこなしていた、頑張っていた、ということは原則として評価対象とはなりません。運であれ何であれ、組織の目標達成に対する貢献度は不足しているわけですから、一時金などに反映させる意味においても、**結果が重要**なのです。

　では、プロセスで頑張っていた部分は、無駄なのかというと、そんなことはありません。プロセスで頑張ったことは、期間中に発揮された「役割・スキル」「姿勢・態度」という、別の評価項目でしっかりと評価していくのです。

　逆に、運がよくて数字は出せた、結果は達成した、という場合でも、プロセスはちゃんとやっていなかった、適当だったという場合もあります。この場合は、数字で貢献したという目標達成の評価はよくなりますが、その他の「役割・スキル」「姿勢・態度」項目では、プロセスで発揮できていない部分は低評価になるでしょう。

評価項目を分けていることには、ちゃんと意味があります。短期的な業績を、会社のメンバーみんなで成し遂げることが、この「成果・達成」項目を評価する際の大きな目的です。

それにつながる部分を、毎期しっかりと考えて設定し、それに取り組むことによって目標を実現しよう、という評価項目なので、あくまでも、その実現度を評価することに徹底しましょう。

「役割・スキル」項目

115ページのサンプルシートでは、4〜10の部分です。ここは、その等級にふさわしい「役割」が果たせているかどうか、「スキル」が発揮できているかどうか、を評価する項目です。

前述の「成果・達成」項目は、短期的なその期の会社の業績につながる評価項目でしたが、こちらはちょっと異なります。

「役割・スキル」項目は、中長期的な会社の業績や成長につながる項目です。短期の業績ではなく、いまはまだ果たせていない役割がこなせるように、まだ身についていないスキルが伸ばせるように、とのメッセージにもとづく項目であり、将来の会社にとって必要な人材として成長していってほしいという狙いがあります。

つまり、いまの仕事で何をしているのか、その職務はしっかりできているかどうかを評価するというよりは、将来にこの等級であれば、このような役割を担ってほしい、このようなことができるようになってほしい、という未来志向で評価する項目です。

そして、評価するポイントは、**役割やスキルを「発揮」しているかどうか**、です。どんなに知識や技術が高い（スキルがある）人であっても、評価期間中に具体的に行動して、それが表に出ていないと評価対象とはなりません。

"保有"スキルは評価しないで、"発揮"スキルを評価しましょう。**「ポテンシャル」ではなく、「パフォーマンス」を評価**するのです。なぜなら、発揮していなければ、会社への貢献はないからです。

もし、ポテンシャルは高いのに、それが発揮できていないのであ

123

れば、それを発揮させて、会社にちゃんと貢献してもらうようにするのが、上司の役割です。

「姿勢・態度」項目

「姿勢・態度」の項目は、一般的には「情意」といわれ、「会社の風土」につながる項目です。115ページのサンプルシートでは、下のほうの11～15の5項目が該当します。

「役割・スキル」項目と何が違うのか、と聞かれることも多いのですが、決定的に違う点があります。それは、こちらは「やればできる」ものを設定する（でも、やらない人がいる）項目です。

「姿勢・態度」に関する項目なので、たとえば「チームワーク」という評価項目では、困っている人がいたら手助けしている、仲間と協力しながら業務に取り組んでいる、というようなことが具体的な行動基準となり、「積極性」という評価項目では、初めての仕事でも自らチャレンジしているとか、会議などの際に自ら発言、提案しているというような「振る舞い」が評価されます。

一方、「役割・スキル」項目では、習熟が必要なものが具体的な評価項目になります。知識や経験を積み、練習や実践などを経て、身についてくるものが評価項目としてあげられます。

つまり、やればできるものではなく、やる気はあっても、皆ができるものではないのが「役割・スキル」で、やればできる「姿勢・態度」とは明らかに異なる項目なのです。

したがって、「姿勢・態度」項目では、まだまだスキルが身についていない段階の社員であっても、しっかりと会社が求める理念の体現ができていたり、求めるメッセージに応えて振る舞っていれば、評価は高くなることになります。

逆にいうと、どんなにベテランで習熟度が高く、知識も技術もある人であっても、「姿勢・態度」の振る舞いができていないと、この項目の評価は高くなりません。

処遇へ反映するのは、やはり中長期的に会社に必要な人材かどう

かということなので、「姿勢・態度」に関する評価結果は、一時金である賞与よりは、給与に反映させるほうがよいでしょう。

「特別ポイント」の設定

評価シートには、もう一つ「**特別ポイント**」という評価項目を設定します（シートでは「その他」の項目）。

これは何かというと、評価する期間が終わった後に、いままでの「成果・達成」「役割・スキル」「姿勢・態度」の15項目とは違う、期間中の特別な頑張りについて、評価してあげる項目です。

この「Ａ４一枚評価制度」では、めざすものである評価項目をふだんから頭の片隅に入れておいて、成果に結びつけること、成長につなげることが目的であるため、できるだけ項目を絞って少ない評価項目の構成となっています。

すると、**シートにある項目**だけでは**評価できない高い貢献度や頑張ってくれたこと**に対して、評価点がつかないことになってしまう可能性がでてきます。

たとえば、急に人が辞めたので、ふだんはやらない仕事をヘルプでずっとやってくれていた、通常業務ではないイベントでトラブルがあり、その対応を進んでやってくれていた、というような場合などです。評価項目にはなくても、その頑張りを評価してあげることが大事です。

人は、自分が頑張ったことを、まわりがしっかりと見てくれているということ、それを認めてくれていることが成功体験となり、その後の動機づけにもつながっていきます。

特に、あらかじめ評価されることを期待していることよりも、期待していなかったけれど、この点もちゃんと見ていてくれていた、わかってくれた、ということのほうが、動機づけの意識がより強まります。

それをしっかり伝えてあげることが、この「特別ポイント」という評価項目を設定する目的です。

125

そのため、「特別ポイント」は、本人は評価せずに、あくまでも上司のみが追加で評価することになります。

大事なのは、ちゃんと具体的に何がどうよかったのか、他の項目と同様に目に見える形で、発揮された事実を評価することです。ただ「頑張ったから」とか「やる気があったから」で評価するのはNGです。

他の部下も、みんなそれなりに頑張っているなかで、根拠が明確でない評価のしかたでは、通用しません。まわりが納得できる、具体的な点について「特別ポイント」で評価してあげましょう。

なお、「特別ポイント」の処遇への反映は、「その期の頑張り」を評価する項目なので、どちらかといえば一時金である賞与などに反映させたほうが適切となります。

この項の最後に、柱となる3つの評価項目と「特別ポイント」の項目について、次ページに比較表としてまとめてみました。

経営サイドだけでなく、評価する人もされる人も、なぜこの項目が設定されていて、そこでよい評価をとることは、何につながっているのかという「目的」は、見失わないようにしましょう。

また、会社によって何を重要視するのかで、項目数の比率を変えていきましょう。

サンプル企業の「株式会社ハビタット」では、サンプルシートであげたままの「成果・達成」3項目、「役割・スキル」7項目、「姿勢・態度」5項目で進めますが、これらの項目数や比率は、貴社の状況に合わせてカスタマイズしていってください。また、同じ会社であっても、部署ごとのステージによって異なる比率にする必要が出てくるケースもあるかと思います。

たとえば、まずは組織風土をよくしていきたいから「姿勢・態度」の項目を増やすとか、成果重視でいく年なので「成果・達成」の比率を高める、といった具合です。

いずれにしても、評価項目とは、会社が社員に何を期待している

◎それぞれの評価項目の内容と賃金等への反映先◎

評価項目	内　容	反映先
成果・達成	毎期の会社目標、組織目標につながるように、個別に目標を設定して、その成果を評価する。達成するための計画や行動を事前に設定して、毎期、実現に向けて取り組んでいく。 評価は達成度にもとづいて決められる。	主に賞与
役割・スキル	等級制度で設定した「能力」もしくは「役割」ごとに求められる項目で、期間中に発揮された能力や貢献度、職務遂行などを評価する。知識・スキル・経験に関する評価が必要。 また、保有ではなく発揮していることが重要で、行動しているかどうかが評価対象となる。	主に給与と等級の昇降格
姿勢・態度	理念などにもとづいた姿勢や態度、振る舞い、言動などが現われているかどうかを評価。成果や能力とは区別し、誰でもやればできる内容のものを評価する。 積極的に取り組む人が評価され、目に見える行動レベルで発揮されていることが重要。	主に給与と等級の昇降格
特別ポイント	期初に設定していた評価項目だけでは対応できない部分を、後から特別に上司が評価するもの。印象ではなく具体的な行動の事実にもとづいて評価する必要がある。 しっかりと頑張りを見ていることを伝えることが目的。	主に賞与

のか、どうなってほしいのか、何をやってほしいのか、といったことから発する重要なメッセージなのです。

4-5 評価シートは何種類になる？

📋 役割等級表にもとづいて何種類になるか検討する

この項から、評価シートの作成手順に入っていきます。まずは、評価シートとしてどれだけの種類が必要かの確認です。

2章の等級制度のところで、職種と役割等級の表をつくりました。また、3章の賃金制度のところで範囲給を決める際にも、以下の表のフレームのなかで決めていきましたが、評価制度も同様に、このフレームをベースにして作成していきます。

◎株式会社ハビタットの等級制度◎

等級 ＼ 職種			営業	工事	設計	本部
マネージャー（M）	M1					
	M2					
	M3					
リーダー（L） エキスパート（E）	L1	E1				
	L2	E2				
	L3	E3				
スタッフ（S）	S1					
	S2					
	S3					

ここにそれぞれの評価シートを作成していく

128

ただし、賃金制度のときとはちょっと異なり、等級間の段階（たとえばＬ１、Ｌ２、Ｌ３など）ごとにつくるのではなく、大きな等級ごとに作成していきます。

　等級ごとの「３段階×職種」で作成していくと、営業職だけでＳ３からＭ１まで９種類もあります。工事、設計、本部の職種も入れると36種類に、さらに工事と設計の職種のＥも入れるとプラス６で42種類もの評価シートが必要になってしまいます。

　これでは大変なので、等級内の段階はなくし、大きな役割等級に従って作成します。すると、サンプル企業の「株式会社ハビタット」では、下表のように14種類となります。

	営業	工事		設計		本部
M	①	②		③		④
L／E	⑤	⑥	⑦	⑧	⑨	⑩
S	⑪	⑫		⑬		⑭

　やはり、縦の等級ごとに求められる役割は異なり、横の職種でも仕事で求められる成果やスキルは変わってくるので、これでは少し少ないと思われるかもしれませんが、まずはつくっていってみましょう。

　なお、14種類のそれぞれがまったく異なるわけではなく、同じ評価項目も多く出てきます。したがって、最初の１つが作成できたら、その後はけっこうトントン拍子で進んでいきます。

4-6 Ａ４一枚評価制度の作成手順

📝 5つのステップにもとづいて進める

　評価シートの数が決まったら、手順に従って、作成していきます。

　「Ａ４一枚評価制度」は、評価シートがＡ４サイズであるから、そのように名づけているのですが、一応、作成する際にも、Ａ４のシートを使用しながらつくっていきます。作成手順は下図のように進めていきます。

◎Ａ４一枚評価制度のシートを作成する５つのステップ◎

① 「社長が好きな人」を考える

② 社員に求めるスキルは何かを考える

③ 今期の会社の「成果目標」を考える

④ 個人目標をつくってもらう

⑤ Ａ４一枚評価シートに落とし込む

130

私が2016年に書かせていただいた『人事制度で業績を上げる！「Ａ４一枚評価制度」』（アニモ出版刊）と、少しですが工程が変わっています。今回のテーマは人事制度全体ということもあり、前著に比べ少し簡易版で評価制度の作成を進めていることをご了承ください。

会社オリジナルの評価制度をしっかりつくるのであれば、専門書である上記書籍をぜひお読みいただきたいのですが、本書も多少簡易ではありますが、ポイントは十分に押さえています。

考えて作成する部分を、多少選んでつくってもらうということで、完全オリジナルではなくカスタマイズのイメージでとらえていただけると幸いです。

評価シートは、最初にゼロから作成するときは、やはりそれなりに労力も時間も費やすことになると思います。ただし、評価シートは社員への大事なメッセージにもなりますので、ここはしっかりと考えてつくっていきましょう。

後だしで、「こんなことを評価していたんだ」となったのでは、社員は誰も納得しませんし、そもそもめざす方向への成果にはまったくつながりません。

先にめざす方向をしっかりと示すことで、社員も何をめざしたらよいのかが明確になり、スタート時点から成果に向けて進むことができ、期中には成長がみられるようになるのです。

ぜひ、本書の手順に沿ってつくり込んでいきましょう。

なお、ここで使用するシート類は、すべて読者特典としてダウンロードできます。219ページにアドレスが記載されていますので、ご活用ください。

4-7 作成手順① 「社長が好きな人」を考える

📝 「えこひいき」は堂々とやりましょう

「社長が好きな人を考える」というと、「それでは公平ではないのではないか」と突っ込まれそうですが、これでいいのです。言い方はあまりよくないかもしれませんが、一般的な評価制度でもたいてい入っています。いわゆる「**情意評価**」というものです。

124ページで少し触れましたが、「情意評価」は、この「Ａ４一枚評価制度」においては、「姿勢・態度」評価にあたる部分です。つまり、どんな職場風土にしたいのかにつながる部分であり、これは「社長はどんな人と一緒に仕事をしたいか」と、そんなには違わない内容です。言い方の問題は、たしかにありますが、「とにかくみんなが積極的にチャレンジする職場風土にしたい＝積極的にチャレンジする人と一緒に仕事がしたい、そんな人が好きだ」ということです。

「明るい職場風土＝明るい人が好き」

「チームワークのよい職場風土＝まわりを助ける人が好き」

「きれいな職場風土＝整理整頓のできる人が好き」

ちょっと極端な聞き方ではありますが、次ページのシートを使って、どんな人が好きか＝どんな職場風土にしたいかを明文化しましょう。キーワードは、「**えこひいき**」は堂々と、です。

後から「こんな人が好きだから評価を高くした」はもちろん絶対にダメですが、先に「こんな姿勢・態度を評価するよ」と打ち出して、それを行動に出して頑張ってくれる人を評価するのです。

そこから、望ましい職場風土へと進んでいくことができます。ぜひ、どんな人が好きなのか、それはなぜか（説明・伝達の根拠となる）、頭のなかにあるものを書き出して明文化してみましょう。

132

◎「社長が好きな人」作成シート◎

株式会社ハビタット	［「社長が好きな人」作成シート］	社長が好きな人

【A4一枚評価制度】 ①「社長が好きな人」作成シート

経営者　　　　氏名　　　　　　　　　　　記載年月日　　　年　　月　　日

☐ 一緒に仕事をしたい人はどのような人でしょうか？ 具体的に書きだしてみましょう。

どんな人が好きですか？	それはなぜ？

©MillReef Inc.（2次配布禁止）

4-8 作成手順②
社員に求めるスキルは何かを考える

必ず「役割定義」を転記する

前項の「社長が好きな人」は「姿勢・態度」に関する職場風土の項目でしたが、「社員に求めるスキルは何かを考える」は「役割・スキル」の項目だということは、きっとすぐにわかりますね。言い方としても、そのまま評価項目になりそうなものです。この評価項目も、シートを使いながら書き出してもらいます。ここで大事になってくるのが「**役割定義**」です。

２章の「役割等級制度」のなかで説明した役割定義をしっかりと確認しながら、この職種のこの等級の人には、どんな能力が必要なのか、何を身につけてほしいのか、というスキル面での期待人材像をつくっていきます。

大事なのは、いまやっている仕事に合わせすぎないこと。いまの仕事の遂行具合を査定するのではなく、会社の成長につながる人材になってほしいことが評価の目的です。したがって、いまの仕事から必要なスキルを考えていくよりも、将来はこのようなことができるようになってほしい、という観点から書き出していきましょう。

シートの上部には、役割定義の欄がありますから、必ずここに、２章で作成した役割定義を書いてください。項目を考えていくうちに、だんだんとその定義が抜けていってしまいがちです。定義を別紙に記入しておくと、そのまま確認しなくなってしまいます。これが行動コストですが、絶えず振り返ることがとても大事です。

会社ごとに、設定した大区分の等級×職種で内容は多めになりますが（サンプル企業の株式会社ハビタットでは14種類）、どの職種にも求められるもの、どの等級にも必要なものということで、重複する部分も多いかと思われます。

134

◎「求めるスキル」作成シート◎

株式会社ハビタット	［「求めるスキル」作成シート］	② 求めるスキル

【A4一枚 評価制度】②「求めるスキル」作成シート

記載者 氏名　　　　　　部署　　　　　　記載年月日　　年　　月　　日

□ 役割等級定義 対象職種「 営業職 」　役割等級「 L：リーダー 」

> リーダーの役割。経営者・上位管理職からの方針や計画を主体的に理解・実施し、組織としての成果を出すことと自身の実績による貢献が求められる。自組織を引っ張るリーダーシップと、担当業務を遂行するための上位の知識・技能が必要とされる。
> 裁量と責任においては、M等級の次の中位となる

□ 上記を実現するためには、どのようなことができる人を求めるのかを考えましょう。

	どのようなことができる人
1	□
2	□
3	□
4	□
5	□
6	□
7	□
8	□
9	□
10	□
11	□
12	□
13	□
14	□
15	□
16	□
17	□
18	□
19	□
20	□

©Millreef Inc　（2次配布禁止）

4章

効果抜群の「A4一枚評価制度」をつくろう

135

4-9 作成手順（特別編） ヒントとなるコンピテンシーリスト

評価項目を決める際の参考になる

「社長が好きな人」と「社員に求めるスキル」は、会社を成長させていくためにはぜひとも必要な評価項目ですから、これらのシートを使いながら、よく考えて記入していきましょう。

とはいっても、これはそんなに簡単にできるものではないと思っています。もちろん、しっかりと考えて検討し、その会社オリジナルのものをゼロベースからつくることが大事です。

しかし、慣れていない状況のなかで時間だけかけてやっても、なかなか前に進んでいかないのも事実です。まずは、とにかく進めてみて、慣れることによって見えてくるものが多くあるので、そこからよりよいものにしていくほうが現実的です。

そこで、評価項目を決める際のヒントとなる、いわゆる「コンピテンシー」というもののリストを参考にして、シート項目の中身を決めていくという方法があります。

「コンピテンシー」とは、本来は「優れた成果を出すための行動特性」を表わす言葉ですが、ここでは、いわゆる「評価項目に適した内容」と、とらえていただいて問題ありません。

ただし、このコンピテンシーリストから項目を選ぶ方式は、どうしても一般的なものになりがちなので、それは本当に気をつけてください。ゼロから評価項目を考えるのは大変だろうということで、あくまでも手助け部分として次ページ以降にあげておきますが、このリストに頼りっきりにならないようにしてください。

次ページ以降のコンピテンシーリストを参考にして、「社長が好きな人」「求めるスキル」に関する評価項目を考えてみましょう（こちらもダウンロードできます）。

◎コンピテンシーリスト「姿勢・態度」◎

No.	コンピテンシー	定　義
1	理念の体現	理念・ビジョン・行動指針などについて、実際に目に見える形で行動しているかどうか。
2	報・連・相	職場における報告、連絡、相談のこと。上長やまわりに対して、すぐに報告、連絡、相談をしているかどうか。
3	規律性・ルール遵守	職場で定められている決まり事を守っているかどうか。
4	協調性・チームワーク	まわりと協調して仕事をしているかどうか。チームに貢献するような動きをしているかどうか。
5	積極性・前向きさ	前向きに、積極的に仕事に取り組んでいるかどうか。
6	責任性・信頼性	責任を持った言動ができているかどうか。まわりからの信頼を得ているかどうか。
7	素直さ・謙虚さ	常に素直な態度、振る舞いができているかどうか。おごらず、謙虚な姿勢でいるかどうか。
8	気配り・思いやり	状況の予測をして、最善の行動ができているかどうか。相手やまわりの気持ちを思いやることができているかどうか。
9	粘り強さ・折れない心	失敗したり、困難なことに直面しても、粘り強く取り組むことができるかどうか。
10	自責の精神	まわりに責任を転嫁せず、自分自身に責任がある言動ができているかどうか。
11	コンプライアンス	法令に関する知識があり、遵守できているかどうか。
12	チャレンジ・向上心	新しい仕事や、難しい仕事にチャレンジしているかどうか。より向上していこうという姿勢がみられるか。
13	笑顔・明るさ・元気さ	ふだんから、笑顔をたくさんだしているか。明るく、元気に振る舞っているかどうか。
14	顧客第一	常に顧客第一の考え方で行動できているかどうか。
15	スピード・行動	即行動ができているか、仕事のスピードを大事にしているか。
16	モチベーション	高いモチベーションで、仕事に取り組んでいるかどうか。
17	誇り・プライド	仕事に誇りやプライドを持って取り組んでいるかどうか。
18	関心・好奇心	仕事と仕事以外にもいつも関心や好奇心を持っているかどうか。
19	身だしなみ・清潔さ	きちんとした身だしなみができているかどうか。清潔感があるかどうか。
20	勤怠	勤怠に乱れはないかどうか。

4章

効果抜群の「A4一枚評価制度」をつくろう

◎コンピテンシーリスト「役割・スキル」◎

No.	項 目	定 義
1	ビジネスマナー・一般常識	社会人としてのマナーができているかどうか。一般常識があるかどうか。
2	コミュニケーション	顧客、職場、取引先などとのコミュニケーションができているかどうか。
3	当社に関する知識	当社の概要・経歴・特徴・強みを知っているかどうか。
4	接客・電話応対	来客、訪問、電話応対の際の振る舞いは適切かどうか。
5	フォロワーシップ	上司をフォローする立場としての能力があるかどうか。
6	継続力	仕事などの取組みに対して、続けていくことができる力があるかどうか。
7	仕事のスピード	業務をスタートする速さ、処理の速さなどはどうか。
8	仕事の質	ミスやモレなどが少ない仕事ができているかどうか。
9	顧客把握	お客様のことを知っているかどうか。
10	トラブル対応	トラブルが発生したときの対応力があるかどうか。
11	レジリエンス	折れない心、くじけない心を持っているかどうか。
12	ＩＴスキル	業務に関するＩＴ関連のスキルがあるかどうか。
13	論理的思考	物事を論理的に考える力があるかどうか。
14	コスト意識	コストがどれだけかかっているかを意識できているかどうか。
15	時間管理	日々の仕事に時間管理ができているかどうか。
16	スケジュール管理	業務において、スケジュール管理ができているかどうか。
17	企画・提案力	事業全般に関する企画や提案ができる力があるかどうか。
18	柔軟な対応	業務に対して、常に柔軟な対応ができるかどうか。
19	創造力	新しい考えややり方などをつくり出していく力があるかどうか。
20	指導・教育	部下に対して、適切な指導・教育ができるかどうか。

21	決断・判断力	いくつか選択肢があるときに、適切な決断・判断ができるかどうか。
22	市場・情勢の知識	業界市場や世の中の情勢に関する知識があるかどうか。
23	プレゼンテーション	顧客へのサービスをプレゼンできる力があるかどうか。
24	アイデア・発想力	ユニークなアイデアを出せるかどうか。 発想力が豊かどうか。
25	信頼力	まわりからの信頼があるかどうか。
26	リーダーシップ	組織を引っ張っていく力があるかどうか。
27	マネジメント	目標に向かって最大限の効果を生み出す力があるかどうか。
28	率先垂範	自ら先頭になり、業務を行なっているかどうか。
29	分析力	物事を正しく見きわめ、分析する力があるかどうか。
30	問題解決力	問題が起きた場合に、適切に解決まで導ける力があるかどうか。
31	人材育成	部下を育成できる力があるかどうか。
32	説得・交渉力	よりよい結果をもたらすための説得や交渉ができるかどうか。
33	業務委任	より部下や下位組織への業務の委任ができているかどうか。
34	人脈	業界内外において、幅広い人脈があるかどうか。
35	プロジェクト管理	個別のプロジェクトに関する管理ができるかどうか。
36	マーケティング	商品・サービスがより受け入れられるようなマーケティングを行なう力があるかどうか。
37	フォロー・カバー力	部下やまわりをフォローする力があるかどうか。
38	経営的思考	会社の経営者としての目線で、考えることができるかどうか。
39	組織運営	自部署だけにとどまらず、組織全体の運営ができるかどうか。

（※スペースの都合で定義の文章を少なくしています。ダウンロード（アドレスは219ページ）は完全版になります。）

4-10 作成手順③ 今期の会社の「成果目標」を考える

📝 部署が多い場合は部署ごとの「組織の目標」も

　作成の順番は前後しますが、次に今期の会社の「成果目標」を考えます。これまで同様にＡ４一枚のシートで、頭のなかにあるものを書き出しましょう。もしくは、すでに事業計画などをしっかり立てているようでしたら、そのまま転記してもＯＫです。

　順番が後になったのは、「社長が好きな人」「求めるスキル」は一度作成したら毎年の見直しはあるにせよ、いったん完成するものだからです。一方、この「成果目標」に関しては毎年設定するものです。次項の個人目標も含めて、毎年新たに作成することになります。

　その意味で、評価シートの中身自体は前項までで完成し、それから毎年変えていく項目ということで、こちらを後にしています。規模が小さく、部署があまり分かれていない場合は、「会社の目標」＝「組織の目標」ですが、いくつか部署がある場合は、「会社の目標」とそれにつながる「組織の目標」を設定する必要があります。

　本来、評価制度がなくても、事業における会社目標を明文化し、社員がそれをしっかり理解し、その目標をめざして日々取り組むことが、できていなければなりません。しかし、それがなかなか浸透せず、できていない会社が多いのも事実です。評価制度というツールを使えば、毎年のイベントごととして、会社目標の浸透を図っていくことができるようになります。

　「今期の会社目標は何ですか？」と、外部の方から聞かれたときに、経営者から一般社員まで全員が「わが社の目標は○○です！」と即答できるとしたら、その会社は成果を上げることができるでしょう。全社員が日々、それに向かって仕事ができるようになります。評価制度というツールを使って、それを実現していきましょう。

◎「成果目標」作成シート◎

株式会社ハビタット	［「成果目標」作成シート］	③ 成果目標

【A4一枚 評価制度】③「成果目標」作成シート

記載者 氏名　　　　　　　　部署　　　　　　記載年月日　　年　　月　　日

□ 今期の会社がめざす「成果」での優先目標は何でしょうか？

　

□ 会社の成果につながる「　　　　　　　」部署での成果の優先目標は何でしょうか？

　

©MillReef Inc.　（2次配布禁止）

4-11 作成手順④ 個人目標をつくってもらう

📋 成果を検証するために具体的な内容で設定する

　評価シートを作成する最後の工程は「個人目標をつくってもらう」です。サンプル企業の「株式会社ハビタット」では、個人目標を3つ設定させています。これが多いか少ないかは、企業や部署によってかなり変わると思います。もともと数字目標がある会社、部署であれば、個人目標とはいえ、上司から自動的に設定されるケースもあり得ますし、それでももちろんOKです。

　大事なことは、目標をあいまいなままにせず、しっかりと設定すること。そして、それを期中に振り返りながら進捗を確認し、上司のサポートを受けながら目標達成を実現していくことです。

　目標は、ちゃんとした知識とスキルをもってつくらないと、適当なものになってしまいます。たとえば、「今年はダイエットを頑張ります！」という目標の立て方と、「8月までに5kg落とします。毎月の目標は－1kg。そのために摂取カロリーは毎日1,800kcalに抑え、ウォーキングを毎日30分実施し、それをブログにアップして、家族にもチェック＆応援してもらいます」とする目標では、明らかに後者のほうが成果を出せるようになります。

　目標が達成できるかどうかは、気合や意思ももちろん大事ですが、「設定の技術」が一番大きいのです。個人目標は毎年設定するので、5章でつくり方のポイントを解説します。ここでは、評価シートの作成手順としての工程があるということを理解しておいてください。

　個人の目標は、原則として組織や会社の目標につながります。そして具体的に設定し、それを実現するための計画を行動レベルで書き出します。社員全員がこの力を身につけるようになれば、間違いなく会社の成果も上がってくるのです。

142

◎「個人目標」作成シート◎

株式会社ハビタット	［「個人目標」作成シート］	④ 個人目標

【A4一枚 評価制度】④「個人目標」作成シート

記載者 氏名　　　　　　　　部署　　　　　　　記載年月日　　　年　　月　　日

☐ **今期のあなたの会社もしくは組織の成果目標は何ですか？**

☐ **上に書いたことを踏まえて、今期にあなた自身で取り組んでいく個人目標を考えましょう。**

	目標項目	達成基準	達成のための具体的行動・計画
1			
2			
3			

©MillReef Inc　　（2次配布禁止）

4-12 作成手順⑤ Ａ４一枚評価シートに落とし込む

📝 変更するための候補項目も準備しておく

　ここまでシートに記入しながら「①社長が好きな人」「②社員に求めるスキル」「③会社の成果目標」「④個人目標」の４つを作成してきました。そして、そのそれぞれを右ページの「Ａ４一枚評価シート」に落とし込んでいくことになります。

　①と②は作成時に一通り完成させるもの、③と④は毎期見直して作成するものです（①と②も、変更が必要かの検証は必要です）。作成段階のシートでは、①と②は本来の評価シートに入る項目数よりも多く考えてもらっています。それにはちゃんと理由があります。

　運用重視で項目を絞ってはいますが、本当はいろいろと身につけてほしいこと、成長してほしいことがあるはずです。社員に説明する際には、「本当はたくさん成長してほしい点はあるけれど、全部を今期にめざすのは大変だから、まずは重要なものをいまの段階で設定し、それを評価することにしている。優先的にこちらを頑張ってほしい」というメッセージも伝えてほしいのです。

　おそらくこれがいい、として①、②から取捨選択して、「Ａ４一枚評価シート」に反映させます。しかし、それに取り組み、スキルや振る舞いを評価していくなかで、実際に会社の業績や、風土の醸成につなげていかなければいけません。

　作成時点では、あくまでも「仮説」です。実際に運用を始め、１〜２年経つと本当に効果が出ているのか、この項目はあまり影響がない、もっと別の項目のほうが効果はありそうだということが出てきます（そのブラッシュアップが大事です）。その際には、また一から項目を考えるのではなく、すでにある他の候補項目から持ってきます。より改善を図っていくための準備も必要なのです。

144

◎「Ａ４一枚評価シート」のしくみ◎

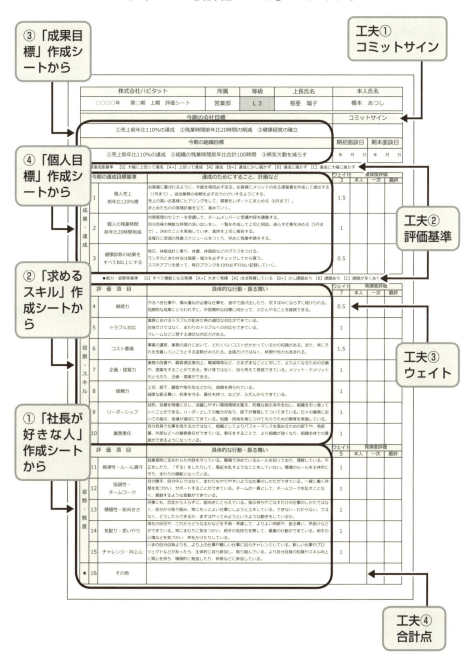

4-13 Ａ４一枚評価シートの工夫点

📝「Ａ４一枚評価シート」には４つの工夫点がある

　小さくて見づらいかもしれませんが、前ページの「Ａ４一枚評価シート」には、少ないスペースながらもいくつか工夫している点があります。

　前ページのシートの右側につけたフキダシがそれで、工夫点は次の４つです。

> 工夫①　→　コミットサインをもらう
> 工夫②　→　評価基準を評価シートに記載し、偶数評価でアルファベット表記
> 工夫③　→　目標だけではなく、「役割・スキル」「姿勢・態度」にもウェイト（重要度）設定
> 工夫④　→　合計点が計算されない

　それぞれについて、説明を加えていきましょう。

【工夫①】コミットサインをもらう

　コミットとは、「合意して約束する」という意味です。「結果にコミット」というようなキャッチフレーズのあるトレーニングジムがありますが、あのイメージです。

　本書で紹介している人事評価制度では、自身の評価シートを用いて、その期の仕事に取り組んでいくわけですが、そもそも他人事のように評価制度に関心がないようでは意味がありません。

　しっかりと、自分自身のことと自覚してもらい、取り組むことに「コミットメント」つまり合意して、約束してもらうのです。

146

そこで、今期にめざす個人目標について、実際に取り組んで達成できると思ったら、サインをしてもらいます。

　求める役割・スキルや姿勢・態度が何かをしっかりと認識できたら、やはりサインをもらいます。

　自分自身で課題だと思うところは、今期は必ずよい評価を取るという約束をして、サインをもらいます。

　サインをすることで、他人事ではなく、しっかりと取り組むべき自分自身のことだと認識してもらうわけです。

　もし、自信がなかったり、悩んでいたり、約束できないようだったら、めざす目標を変えるのか、上司のサポートが必要なのか、あるいは伸ばす必要のある項目を減らしたり、変えるのか、などを上司と部下でしっかりと話し合いましょう。

　そして、実際に合意して約束できるところまで話し合えたら、コミットサインをもらうようにします。手間のかかることかもしれませんが、この過程を経て臨む人と、適当にスタートする人とでは遂行度がまったく変わってくるのです。

【工夫②】評価基準を評価シートに記載し、偶数評価でアルファベット表記

　Ａ４一枚評価シートでは、シートそのものに評価基準を記載しています。

　目標に関しての達成度評価は、次のとおりです。

「Ｓ」　　大幅に上回って達成
「Ａ＋」上回って達成
「Ａ」　　達成
「Ｂ＋」達成に少し届かず
「Ｂ」　　達成に届かず
「Ｃ」　　達成に大幅に届かず

　そして、役割・スキルと姿勢・態度評価に関しての発揮度評価は、

次のとおりです。

「Ｓ」　すべて模範となる発揮

「Ａ＋」大きく発揮

「Ａ」　ほぼ発揮している

「Ｂ＋」少し課題あり

「Ｂ」　課題あり

「Ｃ」　課題が多くあり

　上記の評価基準は、達成度で評価するか、発揮度で評価するかの違いがあるので、それに合わせた表現になっています。

　この基準が評価シートにそのまま記載されていることは、実は非常に大きな工夫点なのです。一般的には「評価の手引」なるものが別紙であって、そこに評価基準が記載されていることが多いからです。

　その結果、実際に評価シートで評価査定を行なう際には、その手引はあまり見ずに、自分の感覚、価値基準で評価点を付けてしまうことがとても多いのです。

　評価点を付ける際には、**評価基準が目に見えている**ことがポイントです。

　人事評価に関する不満で多いのが、「評価基準があいまいでわかりづらい」という点があります。それは、実際には評価基準があるにもかかわらず、その基準表をほとんど見ていないという実態が原因だったりします。

　また、評価基準は、偶数の６段階評価で、アルファベット表記にしています。これも、私のいままでの経験からの工夫で、真ん中に評価が集まってしまう「中心化傾向」を避けるためのものです。

　評価される本人は本人で、ちょっと足りていないな、と思っている項目でも、評価が低くなるのは嫌なので、真ん中の評価にしてしまうことが多いのです。

一方、上司は上司で、期間中にあまりしっかりと評価項目に照らし合わせて部下を見ていないので自信がないために、よい点も悪い点もつけられない、だったら問題が起きないように真ん中の評価点にしておこう、ということが起こります。

実は、「本当は少し不足」「本当は少し上回った」ことの両方が真ん中の評価点で同じになってしまうのです。これはやはり、よくありませんね。

偶数評価にすれば、真ん中の基準よりよかったのか、悪かったのかが明確にできます。この点を工夫しているわけです。

さらに、アルファベット評価にしているのはなぜか、というと、数字評価にした場合は、合計点がパッと計算しやすくなるからです。

部下も上司もそうなのですが、数字評価にしていると、合計点を算出したのちに、「あれ、低すぎるかな」とか「まずい、高すぎた」などというように、合計点から評価を判断して、中身を調整しはじめるのです。

これも、いわゆる「逆算化傾向」といって、評価するうえではやってはいけないエラーの1つです。

本来、**1つひとつの項目に対して**、達成度や発揮度はどうだったかについて評価していかなければいけません。よいところはよい評価にして動機づけにつなげ、課題は課題として上司も本人も認識して、改善・成長につなげなければいけないのに、合計点から調整してしまっては、どちらもできなくなってしまいます。

この「逆算化傾向」を避けるための工夫が、アルファベットによる評価のわけです。

ちなみに、文字の印象の問題ですが、ＣよりもＢ、ＢよりもＡをつける傾向があるので、「Ｓ」や「＋」などを配置して、中心値とアルファベットの構成を少しずらしています。これも、ちょっとした工夫です。

149

【工夫③】目標だけではなく、「役割・スキル」「姿勢・態度」にも ウェイト（重要度）設定

　これは、5章の運用編でも解説しますが、目標の重要度だけではなく、等級と職種に固定である「役割・スキル」「姿勢・態度」にも、ウェイト（重要度）が設定できるようにしています。

　同じ等級・同じ職種であったとしても、実際に個別にやっている仕事は異なるのが実態です。ましてや、中小企業であれば、ほとんどがそのようになっていると思われます。

　たとえば、営業職のL1であっても、外への営業が中心である人と、店舗内での問い合わせ対応が中心の人とでは、それぞれ役割が異なり、伸ばしてほしいスキルや振る舞ってほしい項目は異なるはずです。

　理想は、個別に1人ひとりに対応した評価シートがあればよいのでしょう。でも、社員規模が10名ぐらいまでであればそれは可能かもしれませんが、それ以上の人数になると、個別に評価シートを作成するのは現実的に無理があります。

　そのため、評価シートの種類は等級と職種ごとの数にとどめておき、評価項目の役割の違いについてはウェイトを設定して対応しています。

　たとえば、Aさんは、見積もりや積算を担当している営業なので、「コスト意識」という項目のウェイトを高くする。ただしその分、新規開発の営業などはやっていないので、「企画提案力」のウェイトを下げておく、などといった具合です。

　A4一枚評価シートでは、ウェイトは「1」を基準に、「0」「0.5」「1.5」「2.0」と変えられるようになっていますが、合計点は必ず同じになるようにしています。何かの役割に重要度を置いたら、その分、別の役割の重要度を下げる、という前提で合計点を同じにしています。

　また、このウェイトは、等級内の役割の違いだけではなく、人材育成・自己成長のために使うこともできます。

150

たとえば、評価の結果、「コミュニケーション」という項目が低く、課題となっているので、今期はこの「コミュニケーション」のウェイトを高くして、重要視して取り組んでいこう、といった感じです。

　このウェイトは、必ず期初に設定します。後出しで調整するものではありません。期初の前に上司と部下で話し合いの場をもって、設定していきましょう。

【工夫④】 合計点が計算されない

　最後の工夫点は「合計点が計算されない」です。

　合計点が簡単に計算できないと不便に思われるかもしれませんが、前述の工夫②の評価基準のところで説明したことと理由は同じです。合計点で逆算（して調整）するのを防ぐためです。

　評価点の集計に関しては、経営サイドや人事部門で換算するシートを用いて算出するようにします（算出方法、そのためのシートなどは次章で詳しく説明します）。

　実際には、アルファベットによる評価であっても、換算するしくみがわかれば計算は可能です。

　繰り返しになりますが、人は「行動コスト」がかかるものは、やらなくなるものです。

　すぐに合計点が算出できず、換算表が視界に入らないだけでも、かなり逆算化傾向は抑えられ、１つひとつの項目を調整しないで評価点をつけられるようになるのです。

151

Break time

ネーミングは自由に

　「人事制度」「人事評価」「評価制度」「人事評価制度」といった言葉は、どれもなんとなく固い印象ですし、「評価される」ことに抵抗を感じる社員も多いことでしょう。言葉のイメージは大切です。

　そこで、たとえば、ネーミングを次のように変えてみてはいかがでしょうか。

　「人材育成制度」「自己成長制度」「成長サポート制度」「育成サポート制度」「目標達成支援制度」「成長支援制度」「成長支援システム」「〇〇会社人材システム」…。

　本来の目的が「人材育成」であればなおのこと、ネーミングはその目的に応じたものにしてもよいのではないでしょうか。

　人事評価制度の本当の目的は、「評価すること」ではなくて、そこから得られる「人材育成」であり、社員側からいえば「自己成長」のはずです。賃金制度と切り離した評価制度であれば、なおさら「評価」という言葉は外してもよいでしょう。

　何のためにやっているか→その目的に応じたネーミングをつけて運用していきましょう。

　「新たにこのようなことをして、このようなことを実現していきたいと思っている。この制度のよい名前はないだろうか」と、社員からネーミングを募ってもよいかもしれません。みんなに考えてもらう過程を経れば、人事評価制度の目的をしっかりと認識してもらえるようにもなります。

　実際、私も最初は「人事制度」で入っていきますが（内容がわかりやすいため）、構築の途中でネーミングの変更を提案することがあり、多くが「人事制度」ではない名称になっています。

　あまりベタすぎるのもどうかと思いますが、ぜひユニークで愛着のある、オリジナルのネーミングにしてみてはいかがでしょうか。

5章

評価結果を反映した給与・賞与制度のつくり方

5-1 給与・賞与・昇降格への評価結果の反映のしかた

ポイント制の給与・賞与制度とは

　前章で紹介した「Ａ４一枚評価シート」を使って評価すると、期末には全社員の評価結果がそろうことになります。

　そして、たとえばＡ社員の「成果・達成」評価は〇〇点、「役割・スキル」評価は□□点、「姿勢・態度」評価は△△点、といったように、それぞれ各人の出てきた評価を、給与・賞与、そして等級の昇降格に反映させていくことになります。

　110ページのコラムでは、「評価は給与・賞与と連動させない」とうまくいく、と書きました。業績向上・人材育成だけに絞るのであれば、連動させないというやり方は、たしかに効果があります。

　しかし、それだけを追い求める人事制度にするのも、やはり難しい点が多くあり、個別に出てきた評価結果を、本人の給与・賞与の根拠となる指標にしたいというのはもっともな話です。

　評価結果があるのに、給与や賞与の決め方を何も提示しないのでは、社員は不安なはず。どうやったら、自分の給与を上げていけるのか示してほしい。会社としても、頑張っている人には給与を上げていきたいし、そうでない人との差をつけていきたい。でも、たしかに昇給を調整するために評価を変えてしまっては、本末転倒になってしまうし…、と悩むところです。そんな場合には、「折衷案」があります。

　それが、「ポイント制給与」と「ポイント制賞与」です。実際に、弊社で人事制度を導入する場合は、ほぼ7〜8割の会社で、この「ポイント制給与」「ポイント制賞与」を取り入れています。

　もちろん、このポイント制の制度にもメリット・デメリットがあり、これで完璧とまでは言い切れませんが、給与の決め方、賞与の

154

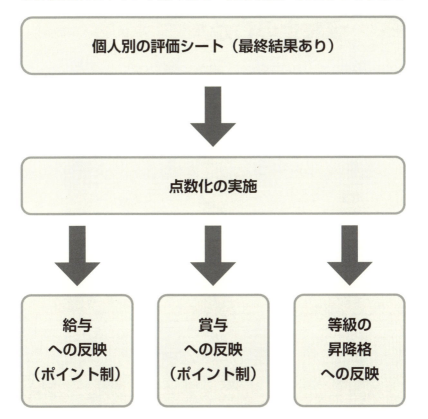

決め方に悩む中小企業にとっては、最適な制度だといえます。
　そこで、まずは、各評価シートで出てきた最終結果を、どのように点数に換算するか、その点数をどのように給与や賞与に反映させるのか、手順を追って説明していきましょう。手順の流れは上図のとおりです。

5-2 個別の評価結果の 点数化のしかた

📝 100点満点の評価点に換算する

　「Ａ４一枚評価シート」では、本人評価と上司の評価を記載する箇所がありますが、その合計点は出ないようになっています。これは、合計点に合わせて、高すぎたからとか低すぎたからといって、お互いに個別の項目を変えたりしないようにするための工夫です。

　しかし、このままでは、すべての項目を評価し終えたとしても、結局は個別項目の「Ａ」や「Ｂ」などで止まってしまうので、評価結果を給与等に反映できない状態です（結果のフィードバックのみであれば、これでＯＫですが）。そこで、この個別の「Ａ」や「Ｂ」を点数化して評点に換算する必要があります。

　まず、評価は「Ｓ」から「Ｃ」まで６段階設定していますが、これをアルファベットから数字に点数化します（右ページの①）。

　次に、評価シートを構成している大きな要素である「成果・達成」「役割・スキル」「姿勢・態度」「その他」のそれぞれの合計点を算出します（右ページの②）。

　このままでは要素ごとの上限の合計点が異なってしまうので、使いやすいように100点満点に換算します。「実際の点×（100÷実際の満点）」で計算すれば100点満点に換算できます（右ページの③）。

　これで、「成果・達成」「役割・スキル」「姿勢・態度」＋「その他」のそれぞれが100点満点でどれくらいの評点かが算出できます。評価対象者の特性も見えてくることでしょう。

　このそれぞれの点を平均したものが、本人の総合評価点になります。これも100点満点中、何点なのかで出てきます。

　そして、それぞれの点数として出てきた評価結果を、「給与」「賞与」「等級の昇降格」の根拠として使っていきます。

◎個人の評価シートの結果から点数化する手順◎

①評価シートの「成果・達成」「役割・スキル」「姿勢・態度」「その他」の最終評価を、それぞれ点数化します。

$$S＝10、A＋＝8、A＝6、B＋＝4、B＝2、C＝1$$

②それぞれの項目数で合計点が異なるので、すべてSだと□点、すべてCだと△点という最大・最小点が変わって出てきます。

成果・達成評価	役割・スキル評価	姿勢・態度評価	その他
3〜30点	7〜70点	5〜50点	1〜10点

③このままでは比較しづらく、反映させる際の比率のバランスも違ってくるので、100点満点に換算します。

100点満点換算をする
「実際の点×(100÷実際の満点)」

成果・達成評価	役割・スキル評価	姿勢・態度評価	その他
10〜100点	10〜100点	10〜100点	10〜100点

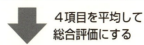

4項目を平均して総合評価にする

総合評価
10〜100点

　この「総合評価」「成果・達成評価」「役割・スキル評価」「姿勢・態度評価」「その他」について本人と面談のうえフィードバックして、能力給、昇降格、賞与の参考資料とします。

前ページまでの計算は、実際にはエクセルシートで計算式をつくっておけば簡単にできます。この換算ツールもダウンロードできるようになっていますので、ご活用ください。

株式会社ハビタット		所属	等級	上長氏名	本人氏名	
○○○○年　第○期　上期　評価シート		営業部	L 3	根亜 瑠子	榎本 あつし	

今期の会社目標		コミットサイン	
①売上前年比110%の達成　②残業時間前年比20時間の削減　③健康経営の確立		頑張ります！榎本	
今期の組織目標		期初面談日	期末面談日
①売上前年比110%の達成　②組織の残業時間前年比合計100時間　③病気欠勤を減らす		年　月　日	年　月　日

●目標達成基準 【S】大幅に上回って達成 【A+】上回って達成 【A】達成 【B+】達成に少し届かず 【B】達成に届かず 【C】達成に大幅に届かず

		今期の達成目標基準	達成のためにすること、計画など	ウェイト 3	本人	一次	最終
成果・達成	1	個人売上 前年比120%増	お客様に喜ばれるように、手紙を毎回必ず送る。お客様にメリットのある提案書を作成して提出する（7月まで）。追加業務の依頼を必ずお伺いするようにする。売上の高いお客様にヒアリングをして、需要をレポートにまとめる（6月まで）。まとめたものを実施計画を立て、進めていく。	1.5	A	A	A
	2	個人の残業時間 前年比20時間削減	労務管理のセミナーを受講して、チームメンバーに受講内容を講義する。自分自身の無駄な時間の洗い出しをし、一覧を作成して上司と相談。減らす事を決める（5月まで）。決めたことを実施していき、進捗を上司に報告する。金曜日に翌週の残業スケジュールを作り、早めに残業申請をする。	1	B+	B	B
	3	健康診断の結果を すべてB以上にする	毎日体組成計に乗り、体重、体脂肪、などのグラフを付ける。ランチのときの弁当は脂質・塩分のチェックをして選んで買う。スマホアプリを使って、毎日プランクを10分必ず行ない記録していく。	0.5	B+	B+	B+

●能力・姿勢等基準 【S】すべて模範となる発揮 【A+】大きく発揮 【A】ほぼ発揮している 【B+】少し課題あり 【B】課題あり 【C】課題が多くあり

		評価項目	具体的な行動・振る舞い	ウェイト 7	本人	一次	最終
役割・スキル	4	継続力	やるべき仕事や、積み重ねが必要な仕事を、途中で投げ出したり、尻すぼみにならずに続けられる。短期的な成果に振られずに、中長期的な目標に向かって、普段やることを継続できる。	0.5	B+	A	A
	5	トラブル対応	業務におけるトラブルが起きた時の適切な対応ができている。自身だけではなくまわりのトラブルの対応もできている。クレームなどに関する適切な対応力がある。	1	B+	B+	B+
	6	コスト意識	事業の運営、業務の遂行において、どれくらいコストがかかっているか知識がある。また、常にそれを改善していこうとする姿勢がみられる。金銭だけではなく、時間や労力も含まれる。	1.5	A	A	A+
	7	企画・提案力	業務の改善や、顧客満足度向上、職場環境など、様々なことに対して、よりよくなるための企画や、提案をすることができる。受け身ではなく、自ら発信できている。メリット・デメリットを踏まえた、企画・提案ができる。	1	A+	A	A
	8	信頼力	上司、部下、顧客や取引先などから、信頼を得られている。誠実な振る舞い、約束を守る、責任を持つ、などが、普段からできている。	1	B+	B+	B+
	9	リーダーシップ	目的、目標を明確に指し示し、活躍しやすい環境を整え、的確な指示命令を出し、組織を引っ張っていくことができる。リーダーとしての魅力があり、部下が尊敬してついてきている。日々の業務においての指示、指導が適切にできている。知識・技術を身に付けてもらうための教育を実施している。	1	A+	A	A
	10	業務委任	自分自身で仕事を抱えるのではなく、組織としてよりパフォーマンスを高めるための部下や、他部署、外部などへの業務委任ができている。委任することで、より組織が強くなり、組織全体の貢献ができるようになっている。	1	B	B	B

		評価項目	具体的な行動・振る舞い	ウェイト 5	本人	一次	最終
姿勢・態度	11	規律性・ルール遵守	就業規則に定められた内容を守っている。職場で決めているルールを知っている。理解している。不正をしたり、「ずる」をしたりして、風紀を乱すようなこともしていない。職場のルールを主体的に守り、周りの模範となっている。	1	A	A	A
	12	協調性・チームワーク	自分勝手、自分中心ではなく、まわりもやりやすいような仕事の仕方ができている。一緒に働く仲間を気遣い、サポートすることができている。チームの一員として、チームワークを乱すことなく、貢献するような言動ができている。	1	B+	B+	B+
	13	積極性・前向きさ	何事にも、否定から入らずに、前向きにとらえている。指示待ちやこなすだけの仕事のしかたではなく、より自分から取り組み、常にもっとよい仕事にしようと工夫をしている。できない・わからない、ではなく、どうしたらできるか、まずはやってみようというような動きをしているか。	1	A	A+	A+
	14	気配り・思いやり	現在の状況や、これからどうなるかなどを予期・考慮して、より良い判断や、振る舞い、声掛けなどができている。常にまわりに気を使い、相手の気持ちを察して、最善の行動をとっている。相手の心情などを気遣い、声をかけたりしている。	1	B	B	B
	15	チャレンジ・向上心	今の自分自身よりもより上の仕事や難しい仕事に自らチャレンジしている。新しい仕事やプロジェクトなどがあったら、主体的に自ら参加し、取り組んでいる。より自分自身の知識やスキル向上に関心を持ち、積極的に勉強したり、研修などに参加している。	1	A	A	A
	★ 16	その他	今期は、予定していなかった○○案件に対して、担当者の退職があったにも関わらず、先頭に立ってヘルプに入ってくれました。その点について、加点でA+評価とします。		A+	A+	

158

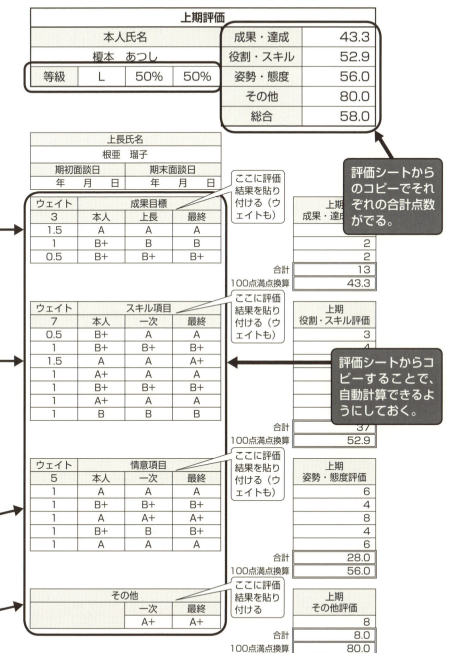

評価結果反映シートを使えば、コピー&ペーストだけで自動計算され、換算の手間が少なくなります。前ページのシートは上期分ですが、下期分も通期分も算出できるシートになっています。

　また、このように評価結果反映シートは、最終評価が「100点満点」で出るようなシステムにしています。

　これは、100点満点という評価基準には慣れていると思われるため、本人にフィードバックする際にはわかりやすいということと、個別の評価項目はアルファベットで表記するため、最後にまたアルファベットで総合評価などを出すと、混乱してしまう（A評価が多いのに、総合評価はB＋になるなど）からです。

5-3 「その他」の扱いをどうするか

反映のしかたはそれぞれの会社で判断を

評価シートの一番下にある「その他」をどこまで反映させるかは、各会社で判断してもかまわない項目です。サンプル企業の「株式会社ハビタット」では、他の「成果・達成」「役割・スキル」「姿勢・態度」項目と同様に、100点満点で加算するようにしています。

1項目しかないにもかかわらず、高い比率の項目になっていますが、これは、「その他」に評価がつくときは、ほぼA以上の評価になることを想定しています。

わざわざダメ出しで特別ポイントを使うことはできるだけ避けましょう。加点するのであればよいですが、先に示していないことでダメ出しされるのは、納得性の面でもマイナスですし、モチベーションのダウンにも大きく影響するからです。

逆に、よい面でのサプライズ評価は、モチベーションのアップに非常に大きな効果をもたらします。その効果をうまく使ってほしいという意図から、ある程度大きな重要度を与えています。

ただし、会社によっては、「その他」項目の評価はするけれども、総合点には入れない、給与や賞与には反映させない、という考え方もありです。もしくは、50％だけ反映させるなどの工夫もOKです。ちなみに、この評価結果反映シートでは、「その他」に何も記入しなかった場合は、「5点」カウントするようにしています。実際の評価点にはない「真ん中」の点です。よい点があったなら、これを上回る「A」「A＋」「S」をサプライズでつけてあげましょう。

「頑張ったことはちゃんと見ているよ」ということを、明確に伝えることが大切です。ぜひ、各会社でカスタマイズして、「その他」をうまく使ってみてください。

161

5-4 総合評価に「等級」の違いを反映させてもよい

等級に応じて項目の比率を変える

159ページの「評価結果反映シート」の上部には、次のような項目がありました。

上期評価					
本人氏名			成果・達成		43.3
榎本　あつし			役割・スキル		52.9
等級	L	50%	50%	姿勢・態度	56.0
				その他	80.0
				総合	58.0

　これは、いったい何かというと、M・L・Sなどの等級において、それぞれの項目に対して総合評価を出す際に、各項目の比率を変える場合に使うものです。たとえば、上のほうの等級になればなるほど、「成果・達成」が求められ、その責任も負うことを示しています。

　一方、下位の等級では、自分自身の仕事をしっかりやることが役割としても求められているので、「役割・スキル」や「姿勢・態度」の評価が、より総合評価に影響を与えるべき、という考え方にもとづいています。

　スキルや姿勢も大事だけれど、部長だったら成果がすべてだよ、あるいは、育成段階だったら成果は出なくても、スキル向上と姿勢が重要だよ、ということですね。

そして、総合評価を算出する際には、「成果・達成」「役割・スキル」「姿勢・態度」＋「その他」のそれぞれの項目の点について、下表のように配分しています。

	成果・達成	その他	役割・スキル	姿勢・態度
M	80%		20%	
L／E	50%		50%	
S	20%		80%	

　この配分も、それぞれ会社の考え方で変えていただいてもOKですし、どの等級においても配分は変えずに、そのままでいくということでもかまいません。

　シンプルを追求するには、このように比率を入れる計算が1回増えることでも、運用がややこしくなる要素の一つではあります。もし取り入れるのなら、うまくカスタマイズして、効果のある設定にしていきましょう。

163

5-5 ポイント制給与の決め方

給与改定に反映させる評価項目は何か

　159ページの「評価結果反映シート」は上期のみでしたが、実際には「下期」と「通期」の評価も加わります。サンプル企業の「株式会社ハビタット」では、1年に2回評価しますが、社員のEさんは、年間を通して以下のような評価結果となりました。

上期評価					
本人氏名				成果・達成	43.3
榎本　あつし				役割・スキル	52.9
等級	L	50%	50%	姿勢・態度	56.0
				その他	80.0
				総合	58.0

下期評価					
本人氏名				成果・達成	56.7
榎本　あつし				役割・スキル	54.3
等級	L	50%	50%	姿勢・態度	60.0
				その他	60.0
				総合	57.7

通期評価	
成果・達成	50.0
役割・スキル	53.6
姿勢・態度	58.0
その他	70.0
総合	57.9

164

給与の改定は、年1回という会社が多いでしょう。もし、半年に1回であれば、上期と下期の評価をそれぞれ反映した給与改定を行なうことになります。

　ここでは、一般的な年1回の給与改定ということで、使用するのは前ページの下にある「通期評価」です。

　そして、127ページの表にある賃金等への「反映先」を再度確認してください。この表の「内容」にもとづく「反映先」から、給与の改定に使う「材料」は、**役割・スキル**と**姿勢・態度**の評価項目であることがわかります。

　ここでは、この2つの評価項目のみで給与を決めていきますが、多少「成果・達成」の評価結果を組み込むこともあります。たとえば、「成果・達成」20％、「役割・スキル」40％、「姿勢・態度」40％などと配分割合を変えて給与改定に反映させることもできるわけです。

　また、給与改定には「総合評価」だけを使うことも比較的多くあります。実際に弊社で導入している場合でも、給与改定に使う評価項目は、「総合評価」だけの場合と、「役割・スキル」と「姿勢・態度」の2つで行なう場合が、半々ぐらいでしょうか。

　ここでは、本来の評価項目の性質を重要視して、「役割・スキル」と「姿勢・態度」の2つで進めていくこととします。

📝 「給与改定ポイント表」を作成する

「役割・スキル」と「姿勢・態度」の2つの点数の平均点は、「(53.6 ＋58.0) ÷2＝55.8」になります。

この点数を、以下の「給与改定ポイント表」に当てはめて、社員榎本さんの「給与ポイント」を決定します。

◎給与改定ポイント表◎

評価点	M職	L・E職	S職
90以上〜	150	100	50
80以上〜90未満	120	70	40
70以上〜80未満	80	50	35
65以上〜70未満	60	40	25
60以上〜65未満	40	30	20
55以上〜60未満	25	20	15
50以上〜55未満	0	10	10
45以上〜50未満	0	0	5
40以上〜45未満	-20	0	0
30以上〜40未満	-30	-5	0
30未満	-40	-10	0

榎本さんは「L等級」で評価点は「55.8」ですから、ポイント表に当てはめると、本人ポイントは「20ポイント」となります。

そして、このポイントに業績によって変動する「ポイント単価」を掛けて、昇給額を決定するのです。

ちなみに、「株式会社ハビタット」の「業績ポイント単価表」は下表のようになっていました。

	下限	上限
昇給ポイント単価	100	500
降給ポイント単価	500	100

今期の業績から決定された、昇給ポイント単価は300円でした。榎本さんの本人ポイントは20ポイントなので、昇給額は次のように計算して6,000円となります。

ポイント制はなぜ効果的なのか

実は、この「ポイント」ということが非常に大事です。「金額」ではないのです。ポイントではなく、「金額」たとえば評価の結果で昇給額が「6,000円」と算出されるシステムだと、前述したように、その金額が多すぎるから3,000円にするために評価を調整する、ということが起こりがちです。

繰り返しになりますが、これはとても大事な点。金額ありきで評価点自体を変えてしまうと、本来、人事評価の目的であった、頑張

った点は大いに評価して本人の動機づけにつなげ、逆にダメだった点は、しっかりと認識してもらい、成長するために尽力してもらう——評価自体を調整してしまうと、この両方ともできなくなってしまいます。

　このように「ポイント制」にすることによって、給与をあまり上げられない場合でも、評価自体は変えずに、1ポイント当たりの単価を変えることで調整することができます。評価自体の点はそのままで、80点取ったら80点の評価をしてあげるということです。

　なお、この業績によるポイント単価の上限・下限ですが、ここにある程度の枠を設けておかないと、業績による単価の上げ下げが不当とみられる可能性があります。

　たとえば、業績がいいのに業績ポイント単価を10円にしたり、もしくは降給ポイント単価を5,000円にするなどしたら、制度を乱用していることになるでしょう。働いている人の生活の安定のためにも、一定の上限・下限は約束できるようにしておきましょう。

　実際に運用する際は、このように1人ひとりのポイントが出てきて、それに単価を掛けると、すぐに会社としての人件費の合計上昇額がいくらになるかつかめます。

　つまり、ポイント単価をいくらにするかで、毎月支給する給与総額はいくらか、賞与も含めた年間総額ではいくらになるか、などが算出可能になります。たとえば、ポイント単価を300円にした場合はどれくらい予算をオーバーするのか、250円だったらどうか、200円にしたら予算内か、などと検証しながら決めていくことができるようになります。

　業績がよかった場合にも、どれくらいまでなら単価を上げられるのかも同様に検討できるようになり、たとえば単価350円まではいけそうだなどということが、パッとわかるようになります。

5-6 ポイント制給与の メリット・デメリット

人事評価制度の目的に合致する評価ができる

「ポイント制給与」のメリットは何かというと、やはりなんといっても「給与のために評価自体を調整しなくていい」ということです。よかったところも課題のところも、適正で目的につながる評価ができるようになります。

もう一つのメリットは、会社として業績に応じて多少の人件費コントロールができるという点です。コントロールができるからこそ、融通がきいて、制度を継続して進めていくことができるのです。

しかし、デメリットもあります。それは、次のような不満が社員からあがることです。

「昨年、評価点が55点だったAさんは6,000円昇給したと言っていたのに、今年に同じ55点の私は、なぜ3,000円なのですか。納得できません」

もっともな不満です。では、この質問に対して、どのように回答したらよいのでしょうか。適正な回答かどうかの判断は任せますが、私は次のように回答しています。

「**業績次第だから、です**」

自分1人だけよい点をとっても、業績が伴わなければ、給与はなかなか上げられません。逆に、皆で業績をあげていく仕事をすれば、平均的な評価であっても、給与は上がっていきます。それを本当にわかってもらうように伝えるのです。中小企業の給与は業績次第だと理解しているつもりでも、他人事に感じている社員が多いのも事実だからです。

ポイント制給与を導入することにより、多くの社員に、業績を認識してもらう効果にもつながることがあるのです。

169

5-7 ポイント制賞与の決め方

どの評価項目を対象にするか

　賞与についても、給与と同様に「ポイント制」を採用します。固定で何か月分の賞与を支給する、ということにはせず、ここも「**業績連動型**」にします。

　実は、ポイント制の賞与は、ポイント制の給与に比べて、比較的多くの企業が採用しており、大手企業で導入している場合もあります。給与に比べれば、賞与は業績次第という認識は世の中に浸透していますので、導入しやすい制度といえます。

　ここでは、賞与は年に2回、半期ごとの評価を根拠に支給するとします。たとえば、社員Eさんの下期の評価結果は次のようになっていました。

下期評価				
本人氏名			成果・達成	56.7
榎本　あつし			役割・スキル	54.3
等級	L	50%　50%	姿勢・態度	60.0
			その他	60.0
			総合	57.7

　では、賞与はこの結果のどの評価項目の数字を使うのがよいでしょうか？　賞与の場合も会社の考え方によりますが、「総合評価」だけを使えば、そのなかにはスキルアップの成長や、姿勢・態度などについても考慮しているというメッセージにもなります。

170

「成果・達成」に関する評価は、運の要素が強かったり、目標のハードルをうまく設定できない場合など、評価結果にはかなりの上下動があります。
　評価が「不安定」になるのを避けるためには、比較的「安定」度の高い総合評価を主に使うほうがいいかもしれません。
　このように、いくつかの検討事項はありますが、ここでは賞与に対するそもそもの考え方である「その期の一時金は、その期の成果で見ていく」というやり方で進めます。127ページの表にあげたそれぞれの評価項目の内容にもとづいて、以下の評価結果の点数が賞与に反映されることになります。

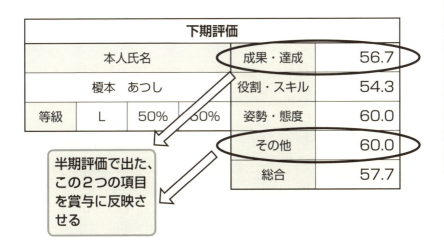

　給与のときと同様に、この2つの項目の平均点を求めると、「(56.7＋60.0) ÷ 2 ＝58.35」となります。この点数を賞与に反映させていきます。
　「その他」の比率が大きいと思われるかもしれませんが、これは考え方次第ですから比率を調整してもかまいません。
　個人的には、「その他」の評価項目には、いい意味での「鉛筆なめなめ」的な要素があり、賞与を決める際の評価対象としてうまく機能すると思っています。

171

ポイント制にもとづいて賞与を決める手順

　ポイント制による賞与の計算は、下図の手順に従って行ないます。基本的には、半期ごとに1か月分の給与をベースにして、評価と業績によって金額が変わっていく形式です。

　1か月分ということで、もともとのベースとなるポイントは、月額給与の上2ケタとします（たとえば月額給与が30万円だったら30ポイント）。

　このポイントを、次ページの「賞与ポイント係数表」に当てはめて、社員Eさんの「賞与ポイント」が決定されます。

　その他、全体の賞与として支給できる原資額と、その他の社員の獲得ポイントなどにより、支給金額は決定されます。

各期の利益に応じて、支給できる総額（賞与原資額）を決定する

「各人の基本給の上2ケタ×評価結果による係数」により、ポイントを算出する

「原資額÷ポイント総数」で計算し、1ポイントあたりの単価を決定する

それぞれの持ちポイントに単価を掛けて、賞与支給額を決定する

　図の文章を読むだけだとわかりづらいかもしれませんので、例をあげて手順どおりに計算すると次のようになります。
①社員Eさん（L等級）の基本給＝30万円＝30ポイント（ベースポイント）
②評価点は58.35なので、右の賞与ポイント係数表により、係数は1.2。

◎賞与ポイント係数表◎

評価点	M職	L・E職	S職
90以上〜	3.0	2.5	1.8
80以上〜90未満	2.5	2.1	1.5
70以上〜80未満	2.0	1.8	1.4
65以上〜70未満	1.7	1.5	1.3
60以上〜65未満	1.5	1.3	1.2
55以上〜60未満	1.3	1.2	1.1
50以上〜55未満	1.1	1.1	1.05
45以上〜50未満	0.9	0.95	1.0
40以上〜45未満	0.7	0.9	0.95
30以上〜40未満	0.5	0.8	0.9
30未満	0.2	0.7	0.8

③30ポイント（ベースポイント）×1.2（係数）＝36ポイント（賞与ポイント）

④全員の総合計ポイント＝725ポイント

⑤半期の賞与原資額＝1,000万円

⑥ポイント単価は「1,000万円÷725ポイント」で13,793円

⑦Eさんの賞与は、13,793円×36ポイント＝44万8,000円（1,000円以下四捨五入）

5-8 ポイント制賞与の メリット・デメリット

📝 全体の賞与原資をオーバーすることがない

このポイント制賞与にも、メリット・デメリットがあります。

まずメリットからあげると、やはり会社側からの目線ではありますが、「支給できる原資をオーバーすることがない」という点です。これは、非常に大きなメリットです。

金額で賞与支給表をつくったり、ベースをポイントではなく1か月分の給与額としていると、業績がどうかということに関わらず、賞与を支給しないといけなくなります。そうなると、臨時に融資を受けなければいけない…ということも起こり得ます。

社員にとって「業績次第」というのは、メリットにもデメリットにもなることでしょう。

では、デメリットは何でしょうか？　それは、少し間違えると、「社員全員で奪い合う」というようにとらえられてしまうことです。

賞与原資という「パイ」をみんなで分け合っているのだから、人数が少ないほうが1人ひとりの取り分は多くなるのではないか、と思われるかもしれません。

この考え方を解消するには、会社は「人数×給与1か月分」を基本として支給し、人数が増えたらその分、原資のベースも多く見積もっている、人数が増えただけで1人当たりの賞与が減ることはしない、としっかりと伝えていく必要があります。

給与の場合と同様、自分だけが点を取っても「パイ」は増えない、自分の賞与を増やすには、みんなで会社の業績を上げていって、全体の賞与原資額を引き上げていくことだと理解してもらい、やはり絶えず業績を意識できるような効果につなげていきましょう。

174

5-9 等級の昇降格へ反映させる

通期評価のどの評価項目を使ったらよいか

評価結果を反映させるもう一つ大きなものは「昇降格」です。たとえば、S2からS1へ、S1からL3へなど、役割等級を上げていくためには、評価結果を反映させます。

その際に、評価結果のどの項目を使うのかも確認しましょう。等級の昇降格は、多くは給与の改定と同様に年に1回なので、基本的には「通期」の評価結果を用います（もし、半期ごとに実施するのであれば、上期、下期それぞれの評価結果を使います）。

社員Eさんの通期の評価結果は前述しましたが、右のとおりです。

ここでも、「総合」評価を使うのか、給与改定の場合と同様に「役割・スキル」と「姿勢・態度」評価を使うのかは、それぞれの会社で変わってくるところです。

成果をある程度重要視するというメッセージを発信したいのであ

通期評価	
成果・達成	50.0
役割・スキル	53.6
姿勢・態度	58.0
その他	70.0
総合	57.9

れば、「総合」評価を用いてもよいでしょう（実際にそのケースが多くあります）。

ここでは、原則的な考え方にもとづき、会社にとって中長期的に貢献してくれる人材が、部下の上に立って教育指導する役割を担っていく、と考えて、それに応じた評価項目である「役割・スキル」と「姿勢・態度」の数値を使うことにします。

175

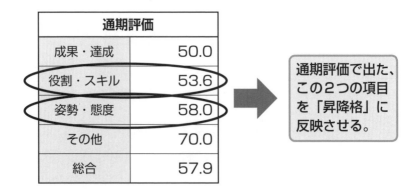

　給与や賞与を決める場合と異なり、昇降格は、単年の評価では決められず、前年や前々年などの評価も見ていく必要があります。

> ● 1年でずば抜けて優秀な評価結果
> ● 毎年、安定して優秀な評価結果
> ● ゆっくりだけれど、少しずつ成長がみられる評価結果

　これらのパターンに合致すれば、それぞれの評価結果をしっかりと反映させていく必要がありますので、継続して評価結果を追いかけていく必要があります（逆に評価結果が悪いため、降格に該当するパターンも同様です）。

　なお、昇格については評価結果だけではなく、その他の要素を必要とする場合があります。たとえば、その役割等級として必須の資格を持っているかどうか、会社で指定している必須研修を受けているかどうか、特定の業務の経験があるかどうか、などです。

　また、評価結果の点数だけで自動的に昇降格するのではなく、面接を経て最終的には「昇降格決定会議」などを開いて（小さな会社だと社長一人で判断するかもしれませんが）、最終決定とするとよいでしょう。

　昇格基準表と降格基準表のサンプルをあげておきます。

◎昇格基準表◎

	評価基準	その他
M1		
⬆	85点以上を1回 70点以上を連続2回 60点以上を6期のうち3回	○○の資格取得を必須とする。 階層別研修の○時間修了を必須とする。
M2	85点以上を1回 70点以上を連続2回 60点以上を6期のうち3回	
⬆		
M3	85点以上を1回 70点以上を連続2回 60点以上を6期のうち3回	
⬆		
L1／E1	80点以上を1回 65点以上を連続2回 55点以上を4期のうち2回	
⬆		
L2／E2	80点以上を1回 65点以上を連続2回 55点以上を4期のうち2回	階層別研修の△時間修了を必須とする。
⬆		
L3／E3	80点以上を1回 65点以上を連続2回 55点以上を4期のうち2回	
⬆		
S1	75点以上を1回 55点以上を連続2回 45点以上を4期のうち2回	
⬆		
S2	75点以上を1回 55点以上を連続2回 45点以上を4期のうち2回	―
⬆		
S3		

各等級間の昇格に関しても、原則として評価結果をもとに行ないます。
ただし、自動的に昇格するのではなく、必要に応じて面談や実技試験を実施し、昇降格会議にて検討したうえで決定します。

◎降格基準表◎

	評価基準	その他
M1		
⬇	35点以下を1回 40点以下を連続2回	
M2		
⬇	35点以下を1回 40点以下を連続2回	
M3		※1期のみで降格対象者となるのは前年入社の中途社員の場合のみ。
⬇	35点以下を1回 40点以下を連続2回	
L1／E1		
⬇	30点以下を1回 35点以下を連続2回	
L2／E2		
⬇	30点以下を1回 35点以下を連続2回	※就業規則の懲戒事由に該当した場合は、左記の点に関わらず降格となる場合がある。
L3／E3		
⬇	30点以下を1回 35点以下を連続2回	
S1		
	―	
S2		
	―	
S3		

各等級間の降格に関しても、原則として評価結果をもとに行ないます。
ただし、自動的に降格するのではなく、必要に応じて面談を実施後、昇降格会議にて検討したうえで決定します。

5-10 降格の基準は必要か

なぜ評価結果によって降格させるのか

　左ページは、昇格ではなく、降格の基準表です。「懲戒などによる降格はわかるけれど、評価結果によって降格させるべきなのかどうか疑問…」というご意見をいただくことがあります。

　私も以前は、降格を実施しないのであれば、基準表はつくらなくてもよいですよ、としていたのですが、しかし最近は「降格基準表は必ずつくっておきましょう」とアドバイスして作成してもらうようにしています。なぜかというと、「採用」のためです。

　いまや完全に売り手市場で、中小企業は人を採用できない時代になっています。求職者を選ぶような立場ではなく、とにかく人に来てほしいという状況で、採用する際の給与水準もどんどん上がってきています。

　ということは何が起きるかというと、採用したはいいが、実際に働いてもらったら、まったく給与に見合わない人材だった──これがいま、実際にたくさんの企業において起こっているのです。

　仕事ができないからといって、一度提示して契約した給与は、やはりなかなか下げられず、高止まりになってしまいます。

　これの何が問題かというと、仕事ができない人が高い給与のままでいる、というそのものの問題よりも、もっと深刻なことがあります。それは、「前から頑張ってくれている若手社員」が腐ってしまうことです。

　入社のタイミングの違いによって、後から入ってくる社員のほうが給与が高い、しかし仕事ができないのに会社はそのままにしている──という状況に不満がつのり、これからの人材で、頑張って貢献してくれている若手社員が腐って辞めてしまうのです。

179

仕事ができる人であればあるほど、もの言わず、会社に愛想をつかして去っていってしまいます。このような事態にならないためにも、降格基準は必要なのです。

　中途社員を採用する際に、給与に関する条件が上がっていて、たとえば、月額40万円という条件でなら採用できるというケースがあったとします。

　その場合は、「40万円は、当社の人事制度では『Ｍ３』の等級です。『Ｍ３』の役割は○○で、□□の成果を出してもらい、△△というスキルの発揮を期待しています。評価させていただいて、これらの成果やスキルが上回るように出れば早めに昇格、逆に下回るようであれば降格ということもあります」としておくのです。

　入社のタイミングや、採用の経緯によって、バラついてしまっている社員間の給与水準を是正していくのも、人事制度の持つ大きな機能です。

　貢献してくれる人はしっかりと昇格、昇給させていき、そうでない人は、勝手には上がっていかないようにする、そして必要であれば、降給、降格できるような制度にしておかなければなりません。

　限られた人件費を必要な人材に配分していくことが大切です。

　以上のようなことをアドバイスすると、たまに「せっかく採用できたのに、降格させたら辞めてしまうかも…」と、降格に踏み切れずに、そのまま高い給与のままにしているケースがあります。

　致し方ない事情や気持ちはよくわかりますが、その場合は「辞めてほしくない社員はどちらなのかをよく考えてほしい」と伝えるようにしています。

　どのような社員から不満が出てくるのか、辞めてしまうのか。それは頑張って成長して、貢献してくれる社員のほうなのか、そうではない人なのか──それを見誤らないようにしないといけないのです。

180

5-11 トライアル期間を設けよう

導入初年度から換算表などを確定させない

この章では、評価結果として出た数字をもとに、給与・賞与・昇降格に反映させるやり方について説明してきました。

その際に、いくつかの種類の換算表を設定しましたが、この表のなかの評価結果の数字は、あくまでも「これくらいだろう」という仮説であることに気をつけましょう。

50点を真ん中の評価として作成していますが、実際に評価を実施してみないと、その会社の中心となる基準がどこあたりになるのかは、わからないのです。

全体的に評価が上になっていて、55～56点ぐらいが平均になる会社もあれば、46～47点ぐらいになる会社もあります。

基準はその会社のなかで揃っていればいいので、会社別の基準の違いは大きな問題ではありませんし、基準の違いは必ず出てくるものでもあります。

これを把握せずに、1回も評価を実施していない状況で換算表を確定させてしまうと、全員が昇格、昇給になってしまったり、逆に誰も昇給しない、昇格しない、ということも出てしまいます。

導入したばかりの初年度は、「評価のトライアル期間」として、会社の基準がどれくらいになるのかを見極めるようにしましょう。社員にも、評価基準をしっかりと固めていくため、最初は評価を実施するが、給与等には反映させずに運用すると説明すれば、逆にしっかりとやってくれているとわかってくれるケースが多いです。

導入する最初の1年はトライアル期間とし、基準を見極めるとともに、評価者のスキル向上、課題点の洗い出しなども行なっていき、よりよい状態で本番に臨めるようにしていきましょう。

大きな壺の話

　ある大学であったユニークな授業の話です。

「クイズの時間だ」
　教授はそう言って大きな壺を取り出し、その壺に、彼は1つひとつ石を詰めた。壺が一杯になるまで石を詰めて、彼は学生に聞いた。

「この壺は満杯か？」
　教室中の学生が「はい」と答えた。
「本当に？」そう言いながら教授は、バケツに入った砂利を取り出し、壺のなかに流し込んでいく。そしてもう一度聞いた。

「この壺は満杯か？」
　学生は答えられない。
　ある学生が「満杯ではないと思います」と答えた。
　教授は「そうだ」と笑い、今度は教壇の陰から砂の入ったバケツを取り出した。隙間に石を流し込んだ後、三度目の質問を投げかけた。

「この壺はこれで一杯になったのか？」
　学生は声を揃えて、「いいえ」と答えた。
　すると教授は、水差しを取り出し、壺の縁までなみなみと水を注いだ。
　彼は学生に最後の質問を投げかける。

「僕が何を言いたいのかわかるだろうか？」
　ある学生が答えた。

「どんなにスケジュールが厳しいときでも、最大限の努力をすれば、いつでも予定を詰め込むことは可能だということです」

「それは違う」と教授は言った。
「重要なポイントはそこではない。この例が私たちに示してくれる真実は、大きな石を先に入れない限り、それが入る余地は、その後二度とないということなんだ」

君たちの人生にとって"大きな石"とは何だろう、と教授は話し始める。
「それは、仕事であったり、志であったり、愛する人であったり、家庭であったり、自分の夢であったり」

「ここでいう"大きな石"とは、君たちにとって一番大事なものだ。それを最初に壺のなかに入れなさい。さもないと、君たちはそれを永遠に失うことになる。
もし君たちが小さな砂利や砂や、つまり自分にとって重要性の低いものから自分の壺を満たしたならば、君たちの人生は重要ではない何かに満たされたものになるだろう」

「そして大きな石、つまり自分にとって一番大事なものに割く時間を失い、その結果それ自体を失うだろう」

この壺の話は、人生の教訓においてよく使われるものです。社員研修などの際にも、優先順位の話をするときに持ち出したりしています。
少し強引かもしれませんが、この本に書かせていただいている人事制度も、このような「大事なもの」を優先させることが大事だ、

ということからきている制度です。

　多くの一般的な人事制度が、公平感や納得感を大事にするあまり、細かい職務をしっかりと拾って、それを評価できるようにしていこうという方向に進んでいるような気がします。

　特に、同一労働・同一賃金のためには、職務記述書というような詳細な職務内容をつくって、それができるかどうかを評価していこうという方向です。

　私は、中小企業はそうではない、と思っています。

　その会社ならではのよさ、強み、それを第一にして、中心にして、人事制度という壺のなかに入れておかないといけないのです。

　そうではない、一般的な項目をつくり、それを評価して見ていくなかで、その企業が持っていたはずの「よさ」が入っていく余地がなくなっていた、ということのないようにしたいものです。

　あなたの会社は何が強みで、何を大事にして、何を全員の壺のなかに一番最初に入れておくか──それによって全社員一丸となって、邁進していくことが、中小企業が活躍する最善の方法なのだと思っています。

6章

成功するための人事制度の運用方法

6-1 人事制度は運用が大事

運用がうまくいっているとは、どういうことか

　6章では、1年間を通しての運用の流れを説明します。

　「人事制度で大事なのは運用！」…と、誰もが言いますが、では「運用がうまくいっている」というのは、どのような状態のことをいうのでしょうか。

　誰もが期日までに間に合うように提出できていること？

　あまり不平不満が出なくて、負担なく進められていること？

　いえ、違います。運用がうまくいっているというのは、「**目的**」**に近づいている**ということです。

　人材育成や業績向上が人事制度の目的であれば、それが実現しているということが、運用がうまくいっているということです。

　ついつい、なんとなく滞りなく回っていることが「運用」しているとなりがちですが、それは手段が目的化していること、回すために運用しているということになっています。そして、このようになってしまっている会社のなんと多いことでしょうか。

　これは、まさしく形骸化している人事制度なのです。

　人事制度の目的が人材育成や業績向上を実現したいのであれば、多少の苦労はつきものです。無駄な労力をかける必要はありませんが、必要なときに、必要な工程に関しては、しっかりと力を入れて頑張ることが大事です。

　うまくいったり、うまくいかなかったり、大変な時期があったりしても、人事制度を回しているなかで、ちゃんと人材育成につながっている、業績が向上しているのであれば、それは「うまく運用できている」人事制度なのです。

186

6-2 運用がうまくいくための5つの工夫

6章

成功するための人事制度の運用方法

📝 年間の運用スケジュールをみておこう

　人事制度では、何をどうしたら運用がうまくいく（目的につながる）のでしょうか。

　運用のしかたについて、私がいままでいろいろと試行錯誤してきたなかで、これは使えるという、いくつかのポイントと工夫があります。

　それは、次のとおりです。

---

①運用のパワーバランスを見直す
②「サポートシート」を活用する
③目標設定と評価は期日方式ではなく「その時方式」で
④本人評価と上司評価は同時に別に実施する
⑤評価者のスキルを向上させる

　上記の5つについて、それぞれ次項以降でみていきますが、その前に、制度全体について年間の運用でやっていくことをつかんでおきましょう。サンプル企業の「株式会社ハビタット」の例でみていきたいと思います。

　株式会社ハビタットは、4月〜翌3月が1事業年度で、評価の実施は半期単位となっています。4月〜9月が上期、10月〜翌3月が下期で、4月〜翌3月が通期となります。

　これに合わせて運用スケジュールをつくってみると、次ページの図のようになります。

187

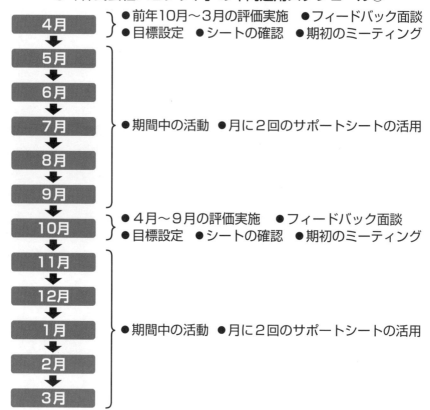

　まずは4月に目標設定をして、自身のシートを確認したうえでスタートします。5月〜9月までの5か月間で、目標に向けての活動と、日々の仕事と自身の自己成長に臨んでもらいます。ここで「**サポートシート**」というツールを活用します。

　10月には、4月〜9月の上期の評価を実施します。

　評価は10月の1か月間で完了し、フィードバック面談も10月中に実施し、11月〜翌3月までの5か月間で、上期同様に活動に励んでもらいます。半期の6か月のなかで、1か月で設定や評価、面談を実施し、残りの5か月をしっかりと活動期間にあてるイメージで回していきます。

6-3 運用のパワーバランスを見直す

期初、期中、期末それぞれの運用実態は

運用の工夫その①は、「運用のパワーバランスを見直す」です。

パワーバランスとは、1年間を通して運用していくなかで「期初」「期中」「期末」で、どこに一番力を入れているか、という、**力の入れどころのバランス**のことです。

多くの運用がうまくいっていない会社は、下図のようなバランスになってしまっています。

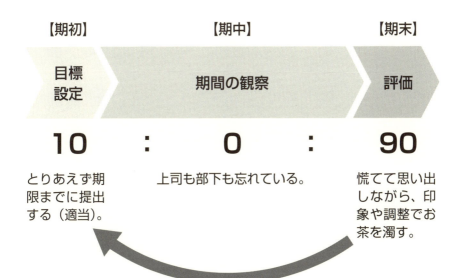

図の「10：0：90」となっているのは、期の全体を100％としたなかで、どこに一番力を入れてやっているか、を表わしたものです。

期初に、締め切りが設けられることで取り組みますが、とりあえず期限があるから間に合わせるためだけに提出しています。

期中は、締め切りがないので、上司も部下も評価シートの中身のことは忘れています。

　そして期末に、「2週間後に評価を実施してください」と会社からアナウンスがあると、そこに期日ができて緊急度が高まるので、みんな必死に取り組みます。しかし、期中には何もしていなかったので半年間を思い出しながら、評価点を付けることになります。

　半年経って、成長に関して何も取り組んでいない、成果に向けても進捗がない——そのことを何かごまかすような感じで、評価しているのが実態だったりします。

　私は、これを「**みんなでお茶を濁している**」と言っています。

　上司も部下も、人事部門も経営者も、苦労はしているけれど、誰も目的につながる評価はしていない。部下は部下で自分がよい評価点になるために、でも上司から指摘されないようにして、上司は上司で部下に嫌われないように、上からは突っ込まれないようにしている——このように大変な思いをして、効果のないことをするのではなく、うまくいっていないパワーバランスを下図のように変えるのです。

【期初】	【期中】	【期末】
目標設定	期間の観察	評価
30	**50**	**20**
最初にちゃんと目標をつくる。手を抜かずにチェックする。	期中に力を入れる。頑張りを認める。指導をする。一緒に考える。記録を残す。	最後はまとめ。

つまり、

- 「目標設定」はなんとなく流さずに、しっかりつくって、
- 「期中の観察」に一番の力を注ぐ。

のです。ここで、立てた目標や、求められている項目に対して、頑張っているのかサボってしまっているのか…。

頑張っているようだったら、その頑張りを評価するときにしっかり承認してモチベーションにつなげます。

逆にサボってしまっているようだったら、お尻を叩いて、取り組むように指導します。そして、取り組んだらほめる。ここに半分以上の力を注ぎ込んでしっかり見ていくのです。

さらに、そのやりとりの記録も残しておく。この工程があるからこそ、成長があり、成果につながり、納得度がまったく変わってくるのです。

- そして、「評価」は簡単にまとめで振り返る。

よく、「本人評価と上司評価にずれがあるのだけれど、どうしたらよいのか」というご質問をいただくことがあります。

適正に評価するためにはエラーを犯さない、ということもありますが、それよりも何よりも、期間中に上司と部下がやりとりをしていなくて、最後に「いっせーのせ」で、評価をするからずれるのです。

期間中に、ここはまだ課題だ、ここは成長した、成果の進捗はこれくらいだね、というような上司と部下のやり取りがあり、その記録が残っていれば、最後にそんなにずれることはありません。

ずれてしまう一番の理由は、「ほったらかしている」からなのです。

6章

成功するための人事制度の運用方法

191

6-4　運用がうまくいくための サポートシート

📝 サポートシートとはどういうものか

　全体の50%の力を入れる「期中」には、右のような「サポートシート」を取り入れることをおススメします。このサポートシートもダウンロードできますので、ぜひ活用してください。

　サポートシートは、月に2回程度、評価シートから転記した期初に立てた目標と自己成長への取り組みを、15分から20分ほど時間を取って、部下が上司に報告するためのシートです。ポイントは「評価」するのではなく、**「取り組み」を報告する**こと。

　自分自身で、何が目標だったか、伸ばすべきスキル、課題となるスキルは何かを振り返り、気づくだけでも大いに効果があります。評価ではないので、「A」や「B＋」などを付けるのではなく、前回から今回までに、「達成に向けて進捗あり」だったら◎、「多少進捗あり」は○、「トラブルあり」は「×」、「変化なし」は「−」として、それについての振り返りコメントを右側の欄に書きます。

　スキルや姿勢に関するところも、「大いに取り組んだ」は◎、「多少取り組んだ」は○、「不適切な行動をした」は×、「特に何もしていない」は「−」を選び、同様に右側にコメントを書きます。

　上司は部下から月に2回あがってくるこのサポートシートによって、部下の頑張りをしっかりとみていきます。部下のコメントに赤ペンを入れ、頑張っているところは花丸と「いいね！」を、悩んでいたり止まっているようだったらアドバイスを書くとともに、ちょっとした面談の機会を設けましょう。

　サポートシートの活用が、人材育成・業績向上のカギを握っています。このしくみが定着化すると、非常に大きな組織の武器となり、財産にもなります。

192

◎「株式会社ハビタット」のサポートシート◎

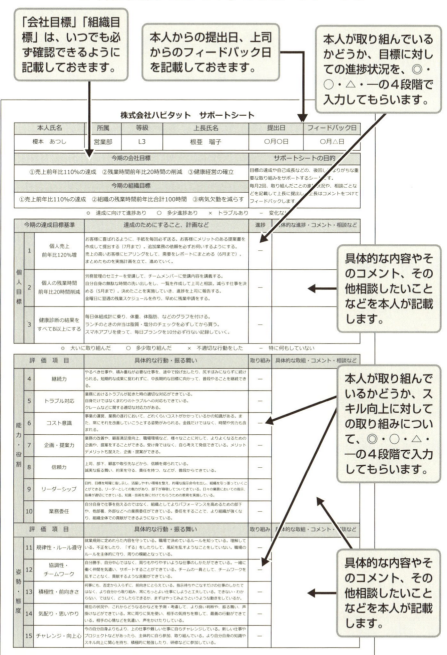

成功のポイントは、**必ず日付を決めて重要業務とすること**。毎月
5日と20日、あるいは第二と第四月曜日の朝礼後などのように、決
めておくことが継続する秘訣です。

📝 部下が提出することに意味がある

サポートシートの一番の目的は、本人の気づきと振り返りにあり
ます。そのため、必ずしも絶対に何かに取り組んで、◎や○を付け
なければいけない、というものではありません。

事情があったり・なかったり、いろいろとあるなかで、何も取り
組めなかったというときがあってもよいのです。

それでも、毎回見て気づくこと、そして取り組まなかった自分を
振り返ることでも、大きな効果があります。

期の最後には、このサポートシートが10数枚出てきます。上司と
部下とで、シートを見ながら振り返りましょう。

しっかりとこの記録があることで、納得性も高まり、頑張って評
価が上がったこと、結局できなかったことなども明確になります。

また、**サポートシートは部下が報告する**、という形であることが
重要です。

上司側から部下に働きかけるとなると、部下の人数が多いため負
荷がかかり、結局は継続できなくなることがあります。

また、面談を毎週30分実施する、ということなども、同様に時間
が取れなくなって、途中で挫折してしまうことがほとんどです。

大事なのは、できるだけ負荷が少ないなかで、いかに効果のある
取り組みができるか、です。

私は、この部下からのサポートシートの提出というのが、いまま
で実施してきた多くの期中の取り組みのなかでの、完成形と思って
います。

6-5 目標設定と評価は期日方式ではなく「その時方式」で

なぜ「その時方式」がよいのか

　個別の目標を設定するときに、「○日までに提出してください」とすることが多いのではないでしょうか。また同様に、本人評価や一次評価を実施する際も、「２週間後の○日までに評価を実施して提出すること」のように指示していませんでしょうか。

　実は、これはあまりおススメしない「**期日方式**」です。どんなに余裕をもって早めにアナウンスしても、たいてい前日の夜などに間に合わせるために、適当にやってしまうことが多かったりします。すると、目標設定の際に気をつける具体性や組織目標との連鎖性などは忘れてしまって、適当になっていく。評価のほうもやってはいけないエラーや、評価基準などが抜けてしまって、とりあえず間に合うように評価する——こんな事態に陥ってしまいます。

　おススメは、「**その時方式**」です。たとえば、○月○日の14時〜17時を部署全員で目標設定を行なう業務時間とするのです。そしてみんなで集まり、30分程度の目標設定の研修をして、それからその場で目標設定を行なうのです。時間を確保しているので、忙しい人でも集中して取り組めます。また、直前に気をつける点を研修しているので、中身の精度もグンと上がります。そして、目標ができた人から、その場で上司と話し合いを行ない、コミットメントや、よりよい目標への修正などを行ないます。

　評価も同様です。「その時方式」で時間をつくり、評価の目的や、やってはいけないエラーの研修などを簡単に実施し、その場で評価も行ないます。その際には、部下からサポートシートを持ってきてもらい、それを振り返りながら実施します。基準をみながらしっかり取り組めるので、こちらもより精度の高い評価になっていくのです。

195

6-6 本人評価と上司評価は 同時に別に実施する

実際にうまくいくための工夫の一つ

　一般的に、本人評価をまずやって、それを見ながら一次評価者が評価を実施するということが多いのではないでしょうか。

　しかし、ここでよく悩まされることがあります。やたらと、自己評価が高い部下、低い部下が出ることです。もちろん、本来はそうならないように、本人評価の目的や意義を伝えて、適正に評価してもらうべきなのですが、なかなかそうはならないのが実情です。

　それよりも、自己評価の高い部下、低い部下が出た際には、一次評価はその影響を大きく受けてしまうということを、**しくみとして避ける**ことが大事です。

　本人評価が高い場合は、どうしても一次評価もそれに引っ張られてしまいます。たとえば、「A＋」を付けてきた部下に、「そこまでではないだろう」と上司が考えても、たいてい、下げるのは一段階ぐらいで「A」評価になります。

　引っ張られなければ、本当は「B＋」評価であるのに、このように上にシフトしてしまう、というのは実際によく見られます。

　逆もしかりで、自己評価が低い場合もせいぜい一段階ぐらい上げるにとどまります。2段階以上異なると、明確な根拠を持っていないと説明しづらいからなのでしょう。

　これを避けるためには、「本人評価→上司評価」とはせずに、つまりお互いの評価は見ずに、別々に同時に評価を実施します。

　そして、バラバラに行なった評価を持ち寄って、どうして相違があるのかなどを話し合います。このほうがよほど有意義ではないでしょうか。多少、真剣勝負的な感じにもなりますので、より真摯に向き合って、しっかりと評価することにもなるでしょう。

196

6-7 評価者のスキルを向上させる

6章

成功するための人事制度の運用方法

人事評価制度を導入していれば、必ずやるべきこと

「評価者のスキル向上」については、導入当初はやったけれども1回きりで、その後はまったくやらず、新任の上司は指導を受けていない状態——という会社がとても多いのです。

手段であり、ツールである人事制度を使いこなすのは、やはり人以外のなにものでもありません。逆にいうと、使う人のスキルが向上すれば、その効果の影響はとても大きなものになります。

ぜひ、以下のようなカリキュラムを参考にして、評価者の研修を実施していきましょう。継続して3回ほど実施すると、明らかに上司のマネジメントスキルが上がっていきます。部下の観察のしかた、動機づけにつながる具体的なコメント、課題の伝え方、そして何より、人事制度の目的も理解する、とても大事な「工夫」の一つです。

◎評価者研修カリキュラムの例◎

①人事評価の目的の理解

②組織目標につながる目標設定のつくり方

③部下の成長と動機づけにつなげる期中のマネジメント

④納得性の高い評価コメントの伝え方

⑤気をつけなければいけない7つの評価エラー

⑥評価者ミーティングの進め方

⑦フィードバック面談のやり方

⑧コーチングスキルの活用（傾聴・質問・承認）

197

Break time

浸透曲線とは

　人事制度を導入したら、社員に「浸透」させていきます。しかし、この浸透のさせ方で次のことを知っておかないと、心が折れることになります。「浸透」は直線ではなく「曲線」であるということを理解しておきましょう。そして「めげない」ことが大切です。

　制度を作成、導入した直後から、期待どおりに社員が運用に関わってくれるかというと、残念ながらそうではありません。いわゆる浸透曲線という、下図のように浸透していくのです。いろいろと取り組んでいっても、しばらくは引き上がってこないのです。

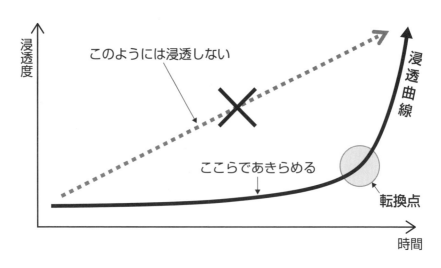

　ある一定の人数に浸透していくと、その後は一気にまわりのみんなにも浸透していく転換点があります。しかし、その転換点までの途中であきらめて、やらなくなってしまうことが多いのです。

　この浸透曲線を知ったうえで、転換点まで本気で取り組んでくれる人を増やしていく。そのようなイメージで実施していきましょう。めげなければ、必ず転換点は来ます。

まとめの章

Ａ４一枚シート
＆人事制度概要書
のサンプル

この「まとめの章」では、いままで構築・作成してきた「等級制度」「賃金制度」「評価制度」について、**サンプル企業である「株式会社ハビタット」の人事制度資料**として、まとめて掲載していきます。

　本のタイトルにもあるとおり、各シートはすべて「Ａ４一枚」で作成しています（次ページ以降の①〜④）。
　これは、個人ごとのファイルに挟み込んでおき、シンプルで便利な形で人事制度の概要がわかることを目的にしています。
　いつでも、どこでも、上司も部下も、人事担当者も社長も、パッと手に取って内容をすぐに確認できるようにＡ４一枚としています。

　ただし、実際の説明資料では、Ａ４のそれぞれのシート以外にも、実はしっかりと作成しています（申し訳ございません）。
　ここでは、その説明資料（205ページ以降の⑤「新人事制度概要書」）をすべて掲載していますので（お手数ですが、本を横にしてご覧ください）、本書で解説している人事制度の説明資料として、ご参考にしていただければ幸いです。

　この説明資料もダウンロードできますので、作成するときには、中身を入力し直して、貴社の人事制度の説明資料としてご活用ください。

200

① Ａ４一枚等級制度

大きく４つの職種、４つの等級（等級のなかに３つの区分）を設定しています。
職種と等級を組み合わせたものが「役割等級」となります。

職　種			
営業	工事	設計	本部

等　級			
マネージャー （Ｍ１、Ｍ２、Ｍ３）	リーダー （Ｌ１、Ｌ２、Ｌ３）	エキスパート （Ｅ１、Ｅ２、Ｅ３）	スタッフ （Ｓ１、Ｓ２、Ｓ３）

	役割定義
Ｍ	管理職の役割。会社全体の業績への貢献が求められる。各部署横断の経営戦略、経営計画の立案に参画し、自部署に対しての業績や人材の育成を実現していく知識・スキルなどのマネジメント能力が必要とされる。会社のなかで最大の裁量と責任を担う。
Ｌ	リーダーの役割。経営者・上位管理職からの方針や計画を主体的に理解・実施し、組織としての成果を出すことと自身の成績での貢献が求められる。自組織を引っ張るリーダーシップと、担当業務を遂行するための上位の知識・技能が必要とされる。裁量と責任においては、Ｍ等級の次の中位となる。
Ｓ	スタッフ・一般職の役割。上司からの指示を元に、通常業務を遂行し、自身の成績での貢献が求められる。上司からの指示を理解し、適切な判断ができるフォロワーシップと、担当業務を遂行するための基礎的な知識・技能が必要とされる。裁量と責任においては、ある程度制限された範囲となる。
Ｅ	専門職の役割。組織や部下を持たずに、自身で出していく成果とパフォーマンスの発揮により、会社に貢献することが求められる。会社の中で最上位の知識・スキルを有し、自身での発揮のみにとどまらず、まわりへの教育・指導により全体の技術力アップにつなげることができる。裁量と責任においては、ある程度制限された範囲となる。
Ｃ	期間の定めのある社員で、組み合わされる等級において、求められる成果を一部限定される役割。必要な知識・能力等は、組み合わされる等級に準ずる。裁量・責任の度合いは組み合わされる等級より範囲が狭いものとする。
Ｐ	期間の定めのある社員で、主に時間単位の給与とされる。組み合わされる等級において、求められる成果を一部限定される役割。必要な知識・能力等は、組み合わされる等級に準ずる。裁量・責任の度合いは組み合わされる等級より範囲が狭いものとする。

Ｍ１：マネージャー
↑
Ｍ２：マネージャー
↑
Ｍ３：マネージャー
↑
Ｌ１：リーダー　　　Ｅ１：エキスパート
↑　　　　　　　　↑
Ｌ２：リーダー　　　Ｅ２：エキスパート
↑　　　　　　　　↑
Ｌ３：リーダー　　　Ｅ３：エキスパート
↑
Ｓ１：スタッフ
↑
Ｓ２：スタッフ
↑
Ｓ３：スタッフ

等級 ＼ 職種		営業	工事	設計	本部
マネージャー （Ｍ）	Ｍ１				
	Ｍ２				
	Ｍ３				
リーダー（Ｌ） エキスパート （Ｅ）	Ｌ１ Ｅ１	この「役割等級」のフレームの場所により、			―
	Ｌ２ Ｅ２	「給与の上限・下限の範囲」と			―
	Ｌ３ Ｅ３	「評価項目」が設定されています。			―
スタッフ（Ｓ）	Ｓ１				
	Ｓ２				
	Ｓ３				

201

② Ａ４一枚賃金制度

基本部分（基本給＆職種手当）＋各種手当＋割増手当＋賞与で構成されています。

【基本部分】

等級		基本給（範囲給）	職種手当		
マネージャー（M）	M1	560,000円～	営業M 40,000円（M1を除く）	工事M 20,000円（M1を除く）	設計M 30,000円（M1を除く）
	M2	440,000円～540,000円			
	M3	380,000円～460,000円			
リーダー（L）	L1	310,000円～360,000円	営業L 30,000円	工事L 10,000円	設計L 20,000円
	L2	270,000円～320,000円			
	L3	230,000円～280,000円			
エキスパート（E）	E1	310,000円～360,000円	－	－	－
	E2	270,000円～320,000円			
	E3	230,000円～280,000円			
スタッフ（S）	S1	190,000円～220,000円	営業S 20,000円	工事S 5,000円	設計S 20,000円
	S2	170,000円～200,000円			
	S3	150,000円～180,000円			

※ 職種手当の列の前に「＋」

契約社員（C）	それぞれ該当等級の80%とする（時間按分・時給換算あり）
パートタイマー（P）	

【諸手当】

役職手当	部　長	50,000円
	課　長	20,000円
	リーダー	10,000円
	主　任	5,000円
資格手当	一級建築士	20,000円
	二級建築士	10,000円
	宅地建物取引士	20,000円
	インテリアコーディネーター	5,000円
家族手当	配偶者	10,000円
	子ども1人につき	5,000円
	※対象は健康保険上の被扶養者とする	
通勤手当	公共交通機関	1か月の定期代
	マイカー・バイク	ガソリン代（別表）
	自転車	500円/月
割増手当	時間外割増手当（1日8時間、週40時間超）	25%増
	休日割増手当（週で1日も休まなかった場合に最後の1日の労働時間）	35%増
	深夜割増手当（22時～翌5時の深夜時間）	25%増
固定時間外手当	一部指定した社員	20時間分を個別に通知する

賞与	年2回、1か月をベースに評価・業績により決定（契約社員「C」およびパートタイマー「P」を除く）

3 Ａ４一枚評価制度

株式会社ハビタット	所属	等級	上長氏名	本人氏名
○○○○年　第○期　上期　評価シート	営業部	L3	根亜　瑠子	榎本　あつし

今期の会社目標		コミットサイン
①売上前年比110%の達成　②残業時間前年比20時間の削減　③健康経営の確立		

今期の組織目標	期初面談日	期末面談日
①売上前年比110%の達成　②組織の残業時間前年比合計100時間　③病気欠勤を減らす	年　月　日	年　月　日

●目標達成度基準　【S】大幅に上回って達成　【A+】上回って達成　【A】達成　【B+】達成に少し届かず　【B】達成に届かず　【C】達成に大幅に届かず

		今期の達成目標基準	達成のためにすること、計画など	ウェイト 3	達成度評価		
					本人	一次	最終
成果・達成	1	個人売上 前年比120%増	お客様に喜ばれるように、手紙を毎回必ず送る。お客様にメリットのある提案書を作成して提出する（7月まで）。追加業務の依頼を必ずおうかがいする。 売上の高いお客様にヒアリングをして、需要をレポートにまとめる（6月まで）。 まとめたものの実施計画を立て、進めていく。	1.5			
	2	個人の残業時間 前年比20時間削減	労務管理のセミナーを受講して、チームメンバーに受講内容を講義する。 自分自身の無駄な時間の洗い出しをし、一覧を作成して上司と相談。減らす仕事を決める（5月まで）。決めたことを実施していき、進捗を上司に報告する。 金曜日に翌週の残業スケジュールをつくり、早めに残業申請をする。	1			
	3	健康診断の結果を すべてB以上にする	毎日、体組成計に乗り、体重、体脂肪などのグラフをつける。 ランチのときの弁当は脂質・塩分を必ずチェックしてから買う。 スマホアプリを使って、毎日ブランクを10分必ず行ない記録していく。	0.5			

●能力・姿勢等基準　【S】すべて模範となる発揮　【A+】大きく発揮　【A】ほぼ発揮している　【B+】少し課題あり　【B】課題あり　【C】課題が多くあり

		評価項目	具体的な行動・振る舞い	ウェイト 7	発揮度評価		
					本人	一次	最終
役割・スキル	4	継続力	やるべき仕事や、積み重ねが必要な仕事を、途中で投げ出したり、尻すぼみにならずに続けられる。 短期的な成果にとらわれずに、中長期的な目標に向かって、ふだんやることを継続できる。	0.5			
	5	トラブル対応	業務におけるトラブルが起きた時の適切な対応ができている。 自身だけではなく、まわりのトラブルへの対応もできている。 クレームなどに関する適切な対応力がある。	1			
	6	コスト意識	事業の運営、業務の遂行において、どれくらいコストがかかっているかの知識がある。また、常にそれを改善していこうとする姿勢がみられる。金銭だけではなく、時間や労力も含まれる。	1.5			
	7	企画・提案力	業務の改善や、顧客満足度向上、職場環境など、さまざまなことに対して、よりよくなるための企画や、提案をすることができる。受け身ではなく、自ら考えて発信できている。メリット・デメリットもとらえた、企画・提案ができる。	1			
	8	信頼力	上司、部下、顧客や取引先などから、信頼を得られている。 誠実な振る舞い、約束を守る、責任を持つ、などが、ふだんからできている。	1			
	9	リーダーシップ	目的、目標を明確に示し、活躍しやすい環境環境を整え、的確な指示命令を出し、組織を引っ張っていくことができる。リーダーとしての魅力があり、部下が尊敬してついてきている。日々の業務における指示、指導が適切にできている。知識・技術を身につけてもらうための教育を実施している。	1			
	10	業務委任	自分自身で仕事を抱えるのではなく、組織としてよりパフォーマンスを高めるための部下や、他部署、外部などへの業務委任ができている。委任をすることで、より組織が強くなり、組織全体での貢献ができるようになっている。	1			

		評価項目	具体的な行動・振る舞い	ウェイト 5	発揮度評価		
					本人	一次	最終
姿勢・態度	11	規律性・ルール遵守	就業規則に定められた内容を守っている。職場で決めているルールを知っており、理解している。不正をしたり、「ずる」をしたりして、風紀を乱すようなことをしていない。職場のルールを主体的に守り、まわりの模範となっている。	1			
	12	協調性・ チームワーク	自分勝手、自分中心ではなく、まわりもやりやすいような仕事のしかたができている。一緒に働く仲間を気づかい、サポートすることができている。チームの一員として、チームワークを乱すことなく、貢献するような言動ができている。	1			
	13	積極性・前向きさ	何事にも、否定から入らずに、前向きにとらえている。指示待ちやこなすだけの仕事のしかたではなく、自分から取り組み、常にもっとよい仕事にしようと工夫している。できない・わからない、ではなく、どうしたらできるか、まずはやってみようというような動きをしているか。	1			
	14	気配り・思いやり	現在の状況や、これからどうなるかなどを予測・考慮して、よりよい判断や、振る舞い、声掛けなどができている。常にまわりに気をつかい、相手の気持ちを察して、最善の行動ができている。相手の心情などを気づかい、声をかけている。	1			
	15	チャレンジ・向上心	いまの自分自身よりも、一つ上の仕事や難しい仕事に自らチャレンジしている。新しい仕事やプロジェクトなどがあったら、主体的に自ら参加し、取り組んでいる。より自分自身の知識やスキル向上に関心を持ち、積極的に勉強したり、研修などに参加している。	1			
★	16	その他					

203

④ Ａ４一枚サポートシート

株式会社ハビタット　サポートシート

本人氏名	所属	等級	上長氏名	提出日	フィードバック日
榎本 あつし	営業部	L3	根亜 瑠子	〇月〇日	〇月△日

今期の会社目標	サポートシートの目的
①売上前年比110%の達成　②残業時間前年比20時間の削減　③健康経営の確立	目標の達成や自己成長などの、後回しになりがちな重要な取り組みをサポートするシートです。
今期の組織目標	毎月2回、取り組んだことの進捗状況や、相談ごとなどを記載して上長に提出し、上長はコメントをつけてフィードバックします。
①売上前年比110%の達成　②組織の残業時間前年比合計100時間　③病気欠勤を減らす	

◎ 達成に向けて進捗あり　　〇 多少進捗あり　　× トラブルあり　　－ 変化なし

	今期の達成目標基準		達成のためにすること、計画など	進捗	具体的な進捗・コメント・相談など
個人目標	1	個人売上 前年比120%増	お客様に喜ばれるように、手紙を毎回必ず送る。お客様にメリットのある提案書を作成して提出する（7月まで）。追加業務の依頼を必ずお伺いするようにする。売上の高いお客様にヒアリングをして、需要をレポートにまとめる（6月まで）。まとめたものを実施計画を立て、進めていく。	－	
	2	個人の残業時間 前年比20時間削減	労務管理のセミナーを受講して、チームメンバーに受講内容を講義する。自分自身の無駄な時間の洗い出しをし、一覧を作成して上司と相談。減らす仕事を決める（5月まで）。決めたことを実施していき、進捗を上司に報告する。金曜日に翌週の残業スケジュールを作り、早めに残業申請をする。	－	
	3	健康診断の結果を すべてB以上にする	毎日体組成計に乗り、体重、体脂肪、などのグラフを付ける。ランチのときの弁当は脂質・塩分のチェックを必ずしてから買う。スマホアプリを使って、毎日プランクを10分必ず行ない記録していく。	－	

◎ 大いに取り組んだ　　〇 多少取り組んだ　　× 不適切な行動をした　　－ 特に何もしていない

	評価項目		具体的な行動・振る舞い	取り組み	具体的な取組・コメント・相談など
能力・役割	4	継続力	やるべき仕事や、積み重ねが必要な仕事を、途中で投げ出したり、尻すぼみにならずに続けられる。短期的な成果に捉われずに、中長期的な目標に向かって、普段やることを継続できる。	－	
	5	トラブル対応	業務におけるトラブルが起きた時の適切な対応ができている。自身だけではなくまわりのトラブルへの対応もできている。クレームなどに関する適切な対応力がある。	－	
	6	コスト意識	事業の運営、業務の遂行において、どれくらいコストがかかっているか知識がある。また、常にそれを改善していこうとする姿勢がみられる。金銭だけではなく、時間や労力も含まれる。	－	
	7	企画・提案力	業務の改善や、顧客満足度向上、職場環境など、様々なことに対して、よりよくなるための企画や、提案をすることができる。受け身ではなく、自ら考えて発信できている。メリットデメリットも捉えた、企画・提案ができる。	－	
	8	信頼力	上司、部下、顧客や取引先などから、信頼を得られている。誠実な振る舞い、約束を守る、責任を持つ、などが、普段からできている。	－	
	9	リーダーシップ	目的、目標を明確に指示出し、活躍しやすい環境を整え、的確な指示命令を出し、組織を引っ張っていくことができる。リーダーとしての魅力があり、部下が尊敬してついてきている。日々の業務においての指示、指導ができている。知識・技術を身に付けてもらうための教育を実施している。	－	
	10	業務委任	自分自身で仕事を抱えるのではなく、組織としてのパフォーマンスを高めるための部下や、他部署、外部などへの業務委任ができている。委任をすることで、より組織が強くなり、組織全体での貢献ができるようになっている。	－	

	評価項目		具体的な行動・振る舞い	取り組み	具体的な取組・コメント・相談など
姿勢・態度	11	規律性・ルール遵守	就業規則に定められた内容を守っている。職場で決めたルールを知っている。理解している。不正をしたり、「ずる」をしたりして、風紀を乱すようなことをしていない。職場のルールを主体的に守り、周りの模範となっている。	－	
	12	協調性・ チームワーク	自分勝手、自分中心ではなく、周りもやりやすいような仕事のしかたができている。一緒に働く仲間を気遣い、サポートすることができている。チームの一員として、チームワークを乱すことなく、貢献するような言動ができている。	－	
	13	積極性・前向きさ	何事にも、否定から入らずに、前向きにとらえている。指示待ちやこなすだけの仕事のしかたではなく、より自分から取り組み、常にもっとよい仕事にしようと工夫している。できない・わからない、ではなく、どうしたらできるか、まずはやってみようというような動きをしている。	－	
	14	気配り・思いやり	現在の状況や、これからどうなるかなどを予め・考慮して、より良い判断や、振る舞い、声掛けなどができている。常に周りに気を使い、相手の気持ちを察して、最善の行動ができている。相手の心情などを気遣い、声をかけたりしている。	－	
	15	チャレンジ・向上心	今の自分自身よりもより、上の仕事や難しい仕事に自らチャレンジしている。新しい仕事やプロジェクトなどがあったら、主体的に自ら参加、取り組んでいる。より自分自身の知識やスキル向上に関心を持ち、積極的に勉強したり、研修などに参加している。	－	

5　サンプル資料…人事制度の説明資料

　Ａ４一枚でファイルに綴じこむ資料とは別に、社員向けの説明資料を作成することが多くあります。そこで、その説明資料のサンプル（株式会社ハビタットの人事制度概要書）を掲載しますので、ご参考にしてください。こちらもダウンロードできます。

【新人事制度概要書】

株式会社ハビタット

〇〇年〇〇月

人事制度制定の目的と概要

人事制度について

■〇〇年〇月より、人事制度をスタートします。
人事制度は、●等級制度　●賃金制度　●評価制度　の大きく３つを導入し、下記の目的を実現するために行います。

1. ●社員の将来設計が立てやすいようにする

   ハビタットで働くにあたって、将来的に自分がどのような給与になっていくのか。どれくらいの期間で、どのように昇格していくのかを、示していくことにより、自身の将来の設計が立てやすくなり、長く安定して就業できることを目的とする。

2. ●自分自身のスキルが成長できるようにする

   どのような役割と、どのようなスキルが求められるかを、等級別に定義と評価項目で、会社が設定している。毎期、これらを確認して、何を身につけていくかをしっかり見定め、自分自身の自己成長につなげていくようにする。

3. ●持続的な業績向上を実現していく

   スキルの高い人材を育て、同じ方向を向いて活躍してもらうことにより、会社としての成長にもつなげていく。短期的な売り上げや利益に振り回されるのではなく、底力のある企業を目指していくための大きな施策とする。

役割等級定義

役割等級
定義

● 役割等級定義になります。
原則、職種が違っても役割等級により定義は同じですが、担当する業務により、その成果、責任、裁量が異なります。

	職種			
	営業	工事	設計	本部
等級	マネージャー (M1、M2、M3)	リーダー (L1、L2、L3)	エキスパート (E1、E2、E3)	スタッフ (S1、S2、S3)

	役割定義
M	管理職の役割。会社全体の業績への貢献が求められる。各部署横断の経営戦略、経営計画の立案に参画し、自部署に対しての業績や人材の育成を実現していく知識、スキルなどのマネジメント能力が必要とされる。会社の中で最大の裁量と責任を担う。
L	リーダーの役割。経営者・上位管理職からの方針や計画を主体的に理解・実施し、としての成果を出すことと自身の成績への貢献が求められる。自組織を引っ張るリーダーシップと、担当業務を遂行するための上位の知識・技能が必要とされる。裁量と責任においては、M等級の次の中位となる。
S	スタッフ、一般職の役割。上司からの指示を元に、通常業務を遂行し、自身の成績での貢献が求められる。上司からの指示を理解し、適切な判断ができるフォロワーシップと、担当業務を遂行するための基礎的な知識・技能が必要とされる。裁量と責任においては、ある程度制限された範囲となる。
E	専門職の役割。組織や外部で才能を持たずに、自身で出していく成果とパフォーマンス、スキルを有し、会社に貢献することが求められる。会社の中で最上位の知識・スキルを有し、自身での発揮のみにとどまらず、周りへの教育・指導により全体の技術力UPにつなげることができる。裁量により全体の技術力UPにつなげることが、ある程度制限された範囲内となる。

役割等級一覧表

役割等級

- 等級制度は、職種と等級で設定される役割等級になります。
大きく「営業」「工事」「設計」「本部」の4職種の役割を設定し、
それぞれ「管理職：M」「リーダー職：L」「エキスパート職：E」
「一般職：スタッフ職」の4つの等級とし、それぞれを3段階で区分します。

等級	職種	営業	工事	設計	本部
マネージャー (M)		M1			
		M2	M2	M2	M2
		M3	M3	M3	M3
リーダー (L) エキスパート (E)		L1	L1 E1	L1 E1	L1
		L2	L2 E2	L2 E2	L2
		L3	L3 E3	L3 E3	L3
スタッフ (S)		S1	S1	S1	S1
		S2	S2	S2	S2
		S3	S3	S3	S3

```
M1：マネージャー
   ↑
M2：マネージャー
   ↑
M3：マネージャー
             E1：エキスパート
               ↑
L1：リーダー    E2：エキスパート
   ↑            ↑
L2：リーダー    E3：エキスパート
   ↑         ↗
L3：リーダー
   ↑
S1：スタッフ
   ↑
S2：スタッフ
   ↑
S3：スタッフ
```

新賃金制度（基本給部分）

- 等級に応じて、給与額が設計されています。
  その等級での上限〜下限のある範囲給を採用します。
  基本給は全社員共通、職種ごとに手当がつきます。
  その等級の範囲の中で、業績・評価・その他を総合的に勘案して、昇給や降給が行われます。

賃金制度
基本給

基本給（範囲給）

(単位：円)

等級		基本給（範囲給）
マネージャー (M)	M1	560,000円〜
	M2	440,000円〜540,000円
	M3	380,000円〜460,000円
リーダー (L)	L1	310,000円〜360,000円
	L2	270,000円〜320,000円
	L3	230,000円〜280,000円
エキスパート (E)	E1	310,000円〜360,000円
	E2	270,000円〜320,000円
	E3	230,000円〜280,000円
スタッフ (S)	S1	190,000円〜220,000円
	S2	170,000円〜200,000円
	S3	150,000円〜180,000円

+

職種給

営業M 40,000円 (M1除く)	工事M 20,000円 (M1除く)	設計M 30,000円 (M1除く)
営業L 30,000円	工事L 10,000円	設計L 20,000円
—	—	—
営業S 20,000円	工事S 5,000円	設計S 20,000円

新賃金制度（各種手当と賞与）

● 基本給部分とは別の、各種手当です。
個人ごとに異なる、資格や家族、通勤などに対しての手当となります。
また、賞与はポイント制を採用し、年に2回一か月分をベースに支給となります。

（単位：円）

賃金制度 手当		
役職手当	部長	50,000円
	課長	20,000円
	リーダー	10,000円
	主任	5,000円
資格手当	一級建築士	20,000円
	二級建築士	10,000円
	宅地建物取引士	20,000円
	インテリアコーディネーター	5,000円
家族手当	配偶者	10,000円
	子ども一人につき	5,000円
	※対象は健康保険上の被扶養者とする	
通勤手当	公共交通機関	一か月の定期代
	マイカー・バイク	ガソリン代（別表）
	自転車	500円/月
割増手当	時間外割増手当（1日8時間、週40時間超）	25%増
	休日割増手当（週で1日も休まなかった場合に最後の1日の労働時間）	35%増
	深夜割増手当（22時～翌5時の深夜時間）	25%増
固定時間外手当	一部指定した社員	20時間分を個別に通知する

賞与		金額
	7月（前10月～3月）	業績による ポイント制
	12月（4月～9月）	業績による ポイント制

まとめの章

A4 一枚シート＆人事制度概要書のサンプル

評価項目の構成

評価項目

- 等級と部署に合わせて、それぞれ求める評価項目を作成しています。下記内容のように、それぞれの違いと、どこに反映されるかを確認しておきましょう。

項目	内容	反映先
①目標管理（成果）評価	毎期の会社目標、組織目標につながるように、個別に目標を設定して、その達成度で評価する。達成するための計画や行動を事前に設定して、毎期実現に向けて取り組むが、評価は達成度に基づいて決められる。	主に賞与の参考にする
②能力・役割評価	等級制度で設定した「能力」もしくは「役割」毎に求められる項目で、期間中の発揮能力や貢献度、職務遂行などを評価する。知識・スキル・経験などが必要。また、保有ではなく発揮が重要で行動しているかどうかが評価対象となる。	主に給与・昇降格の参考にする
③姿勢・態度評価	理念などに基づいた姿勢や態度、振る舞い、言動などが出ているかどうか。成果や能力とは区別し、誰でもやればできる内容のもの。積極的に取り組むかが評価される。こちらも目に見える行動レベルでの発揮が重要。	主に給与・昇降格の参考にする

210

まとめの章 A4一枚シート＆人事制度概要書のサンプル

評価シート構成

●評価シートは、
① 目標達成（毎期、目標を設定して、その達成度を見る）
② 能力・役割（知識やスキルなどがあり、その発揮度を見る）
③ 姿勢・態度（誰でもやればできる項目。取り組んでいるかどうかを見る）
で、構成されています。

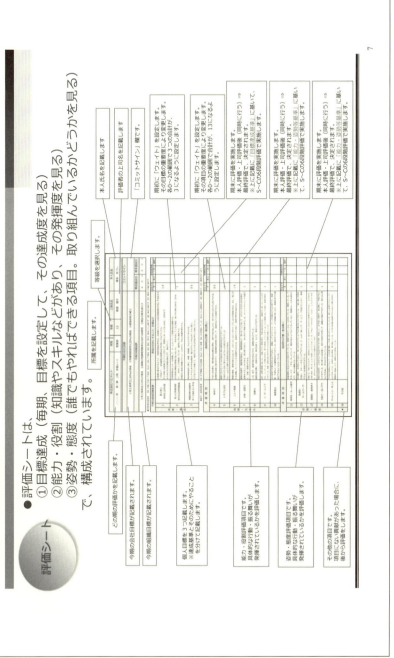

評価シート

所属を記載します。

その期の評価期か記載されます。

今期の会社目標が記載されます。

今期の組織目標が記載されます。

個人目標を3つ記載します。
※達成基準をそのためにやることを分けて記載します。

能力・役割評価項目です。
具体的な行動・振る舞いが発揮されているかを評価します。

姿勢・態度評価項目です。
具体的な行動・振る舞いが発揮されているかを評価します。

その他の項目です。
項目にない貢献があった場合に、後から記載して評価をします。

本人氏名を記載します。

評価者の上司名を記載します。

「コミットサイン」欄です。

期初に「ウェイト」を設定します。
その日の目標の重要度により変更します。
各0〜2の範囲で3つの合計が、3になるように設定します。

期初に「ウェイト」を設定します。
各項目の重要度により変更します。
各0〜2の範囲で合計が、13になるように設定します。

期末に評価を実施します。
本人評価・上司評価後（同時に行う）⇒
最終評価に上記記載に基づいて、S〜Cの6段階評価で実施します。

期末に評価を実施します。
本人評価・上司評価後（同時に行う）⇒
最終評価に上記記載に基づいて、S〜Cの6段階評価で実施します。

期末に評価を実施します。
本人評価・上司評価後（同時に行う）⇒
最終評価に上記記載に基づき、能力・姿勢等基準に実施して、S〜Cの6段階評価で実施します。

等級を選択します。

211

評価基準・標語、重要度

評価基準 標語等

● 基準は真ん中を設けない偶数で設定されます。（6段階）
数字ではなく、記号で評価を行います。（逆算化防止、項目ごとの評価のため）
シートに記載しておき、基準がぶれないようにとなっています。

■目標達成度基準　[S]大幅に上回って達成　[A+]上回って達成　[A]達成　[B]達成に少し届かず　[C]達成に大幅に届かず

■能力・姿勢等基準　[S]全て模範となる言動　[A+]大きく発揮　[A]評価軸に貢献している　[B-]少し理想あり　[C]課題が多くあり

真ん中のない6段階の偶数。
基準はいつも見られることが重要。

● 項目には「ウェイト」が設定されます。「ウェイト」はその重要度や実際に従事する
業務があるかどうかで原則として上長が設定します。
それぞれの合計が「3」「12」となるように、「期初」に原則、「ウェイト付けを行います。

同じ部署、同じ等級であっても、実際の職場の役割は変わるため、重要度の役割によって、項目の差をつける。
[0・0.5・1.0・1.5・2.0] で変更
し、合計は7と5になるようにする。
期初に原則、上司が設定する。

目標の重要度により、[0・0.5・1.0・1.5・2.0] でウェイトをつける（合計が3になるように）

まとめの章

A4一枚シート&人事制度概要書のサンプル

サポートシートの活用

- 「サポートシート」を作成して、ルーティンとしての期間中チェック&フィードバックを仕組み化します。
  このサポートシートを活用し、期間中のマネジメントをすることで、人事評価制度がその目的通りにしっかり機能します。
  毎月2回、本人より提出します。上司がそれを見ながら、15分程度の面談（気軽に職場でのデスクまわり等で構いません）を実施します。

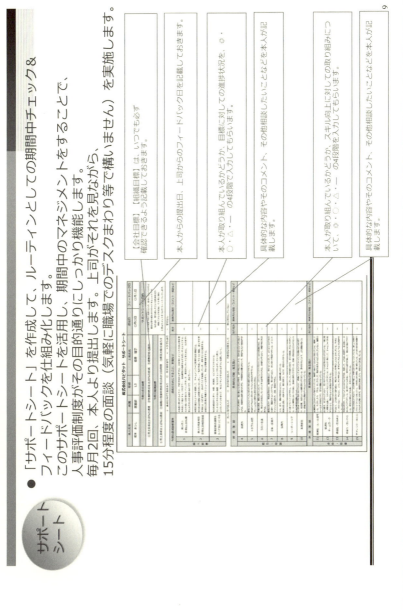

【会社目標】【組織目標】は、いつについても必ず確認できるよう記載しておきます。

本人からの提出日、上司からのフィードバック日を記載しておきます。

本人が取り組んでいるかどうか、目標に対しての進捗状況を、◎、○、△、－の4段階で入力してもらいます。

具体的な内容やそのコメント、その他相談したいことなどを本人が記載します。

本人が取り組んでいるかどうか、スキル向上に対しての取り組みについて、◎、○、△、－の4段階を入力してもらいます。

具体的な内容やそのコメント、その他相談したいことなどを本人が記載します。

213

評価結果から評定へ

評定の算出方法

目標達成、評価項目の最終評価【S・A+・A・B+・B・C】をそれぞれ点数化します。

「S」=10、「A+」=8、「A」=6、「B+」=4、「B」=2、「C」=1

成果・達成評価	役割・スキル評価	姿勢・態度評価	その他
3〜30点	7〜70点	5〜50点	1〜10点

⇩ 100点満点換算をする

成果・達成評価	役割・スキル評価	姿勢・態度評価	その他
10〜100点	10〜100点	10〜100点	10〜100点

⇩ 4項目を平均して総合評価にする

この結果を評価後面談で、本人へフィードバックへ。
この数字を基にして、給与、昇降格、賞与の参考資料とする。

昇格要件、降格要件

- 人事評価の結果で、上位等級に上がるチャレンジの権利が出来るように、昇格要件を決めます。また、人事評価の結果で降格する基準を決め、実際に降格命令が、制度によりできるようにします。

昇降格要件

【昇格要件】下記要件を満たした場合に、面接・試験を経て昇格へ

	評価基準	その他
M1	85点以上を1回	○○の資格取得を必須とする
M2	70点以上を連続2回 60点以上を6期のうち3回 85点以上を1回	
M3	70点以上を連続2回 60点以上を6期のうち3回 85点以上を1回	階層別研修を時間修了を必須とする
L1/E1	70点以上を連続2回 60点以上を6期のうち3回	
L2/E2	65点以上を連続2回 55点以上を4期のうち2回 80点以上を1回	階層別研修を○時間修了を必須とする
L3/E3	65点以上を連続2回 55点以上を4期のうち2回 80点以上を1回	
S1	65点以上を連続2回 55点以上を4期のうち2回 75点以上を1回	
S2	55点以上を連続2回 45点以上を4期のうち2回 75点以上を1回	—
S3	55点以上を連続2回 45点以上を4期のうち2回	

【降格要件】下記要件に該当した場合に、面接を経て決定へ

	評価基準	その他
M1	35点以下を1回 40点以下を連続2回	
M2	35点以下を1回 40点以下を連続2回	
M3	35点以下を1回 40点以下を連続2回	※1期のみで降格候補者となるのは前年入社の中途社員の場合のみ
L1/E1	30点以下を1回 35点以下を連続2回	
L2/E2	30点以下を1回 35点以下を連続2回	※就業規則の懲戒事由に該当した場合は、左記点に関わらず降格となる場合がある
L3/E3	30点以下を1回 35点以下を連続2回	
S1	—	
S2	—	
S3		

※基準は仮で設定。実際のトライアル評価を実施後、基準を決定します。

※通期の評価を用います。

※能力・役割、姿勢・態度評価の100点満点換算後の評価結果を用います。

給与への反映

基本給における昇給・昇給、降給などの賃金改定は、一年に一回実施します。
実施時期は毎月7月支給の給与から反映させます。

通期（前年4月〜3月）の「役割」・「能力」＋「姿勢・態度」の通期の評価結果を元に、下記の
「給与改定表」に基づいて本人の「改定ポイント」が決定されます。
対象の期の業績に基づき、賃金改定の「ポイント単価」（昇給P・降給P）を会社が決定します。
（※急激な貨幣価値の変動、社会情勢の変化等のないことを前提にして、昇給・降給Pは100円〜500円の範囲とします）

> 各人の「改定ポイント」×「ポイント単価」にて、次期の基本給が決定されます

評価点	M職	L・E職	S職
90以上〜	150	100	50
80以上〜90未満	120	70	40
70以上〜80未満	80	50	35
65以上〜70未満	60	40	25
60以上〜65未満	40	30	20
55以上〜60未満	25	20	15
50以上〜55未満	0	10	10
45以上〜50未満	0	0	5
40以上〜45未満	−20	0	0
30以上〜40未満	−30	−5	0
30未満	−40	−10	0

賞与への反映

➢ 賞与は年に2回支給を予定しています。
夏季賞与は前年10月～3月の「目標達成度評価」＋「その他」と業績を反映させ7月支給とします。
冬季賞与は当年4月～9月の「目標達成度評価」＋「その他」と業績を反映させ12月支給とします。
（ただし、業績見込みにより減額又は支給しないこともあります）。
賞与の計算は、本人の月額給を基礎額として、評価の結果（通期）と役割等級に基づいて決定します。

①各期の利益に応じて、支給できる総額（賞与原資額）を決定します。
②各人の基本給の上2クラス×評価結果による係数により、ポイントを算出します。
③原資額÷ポイント総数で計算し、1ポイントあたりの単価を決定します。
④それぞれの持ちポイントに単価を乗算して、賞与支給額を決定します。

評価点	M職	L・E職	S職
90以上～	3.0	2.5	1.8
80以上～90未満	2.5	2.1	1.5
70以上～80未満	2.0	1.8	1.4
65以上～70未満	1.7	1.5	1.3
60以上～65未満	1.5	1.3	1.2
55以上～60未満	1.3	1.2	1.1
50以上～55未満	1.1	1.1	1.05
45以上～50未満	0.9	0.95	1.0
40以上～45未満	0.7	0.9	0.95
30以上～40未満	0.5	0.8	0.9
30未満	0.2	0.7	0.8

まとめの章

A4一枚シート＆人事制度概要書のサンプル

毎年のスケジュール

スケジュール

● 評価は半期に一度、実施します。
　①上期　4月〜9月　②下期　10月〜翌3月　○通期　4月〜翌3月

※人事評価はスケジュールにおける「点」だけではなく、期間中にどれだけ観察や指導、サポートしているかという「線」でのマネジメントが重要です。育成・納得性に大きく効果が発揮されます。

| 4月 | 5月 | 6月 | 7月 | 8月 | 9月 |

[4月末まで]
・下期の評価実施
・次期の目標設定
・次期シート確認
・フィードバック面談

[5月〜9月]
・期中のマネジメント
・サポートシートの活用

評価の反映（賞与・通期で給与、昇降格）

| 10月 | 11月 | 12月 | 1月 | 2月 | 3月 |

[10月末まで]
・上期の評価実施
・目標設定
・シート確認
・フィードバック面談

[11月〜翌3月]
・期中のマネジメント
・サポートシートの活用

評価の反映（賞与）

各種資料のダウンロードアドレス

　本文中に掲載している「シート」類、「評価結果換算シート」、「人事制度説明資料」は、すべてMicrosoft社のWordとExcelおよびPowerPointで作成しています。

　この本をご購入いただいた方への特典として、上記一式を提供いたしますので、ぜひご活用ください。

　弊社のＷＥＢサイトから、下記アドレスをご入力いただき、特典専用の画面よりダウンロードすることができます（その際、お名前とメールアドレスの登録をお願いしています）。

https://millreef.co.jp/a4ichimai/

　また、ぜひ、本書をお読みになった感想などもいただければ、大変に嬉しく思います。

　各種資料については、改良を重ねてよいものにしてまいりますので、その際にはダウンロードいただいた方には、登録されたメールアドレスに最新情報をお送りするようにいたします。

　何卒よろしくお願い申し上げます。

おわりに

　本書を最後までお読みいただき、ありがとうございます。

　人事制度の専門書とはいえ、できる限りわかりやすく、とにかくシンプルを徹底していくつもりでしたが、結果的には、あれも入れたい、これも入れたい、ということで少し難しくなってしまったのでは…と、本書を世の中に出すにあたって、不安な気持ちもあったりします。

　ぜひ、お読みいただいた感想などをいただけると、少し救われる気分になるとともに、とても励みになりますので、何卒よろしくお願い申し上げます（もちろん、ご指摘や叱咤も今後のためにお願いいたします）。

　いま、この本当の最終の期限日に、この「おわりに」を書かせていただいていますが、実は、目の前で事務所が天井からの水漏れで大変な事態になっています。

　ＰＣを避難させ、場所を変えて水ですぐにいっぱいになるバケツを30分おきに交換しながら、なんとか期限までに執筆を間に合わせようという状況です。

　これは、原稿を早めに出さずにまわりに迷惑をかけている、自分への天罰だと思っています。やはり、ふだんの情意項目である「姿勢・態度」が、神様に評価されていたのではないかと思っています。

　本書の執筆にあたっては、過去の他の書籍以上に時間との戦いで、出版に関係された方、編集者の小林さまにはいままで以上に多くのご迷惑をおかけしました。

　いくつかの人事制度プロジェクトと重なったこともあり（言い訳ですが）、そちらに一緒に携わっていただいている方々にもご迷惑をおかけしました。

そのまわりの皆さまの温かい見守りのおかげで、なんとか出版することができました。

本当にいくら感謝してもしきれない気持ちです。

本書では、前著の『Ａ４一枚評価制度』では書ききれなかった、人事制度全般の構築をめざして内容を構成しました。

等級制度も、賃金制度も、やはり大企業と中小企業ではつくり方が異なります。

いい意味でゆるく、融通が利かせられる制度にしておくことで、継続運用ができ、本来の目的である人材育成・業績向上にもまっすぐに目を向けられるのではないかと思っています。

特に、小さな会社であっても、このような人事制度を導入することで、企業の大きな魅力となり、武器になるということが伝われば、この仕事に携わる私にとっては何より嬉しいことです。

最後に、いつも事務所に不在であるため迷惑をかけていたなか、事務所を守っていただき、さらにはこの本の校正などのチェックも手伝ってくださった、竹内さん、八重樫さん、佐々木さん、山口さん、杉田さんにこの場を借りて御礼を申し上げます（読んでいないかな？）。

みなさんのサポートなしでは、この本を出すことはできなかったと思っています。ありがとうございました。

本書を手に取ってくださったあなた、ぜひ、Ａ４一枚のシンプルな人事制度を試して活用していただけますでしょうか。

最後までお読みいただき、まことにありがとうございました。

著　者

【著者の活動】

◎人事制度の学校
https://ps-school.net/
＜人事制度を学ぶためのプラットフォームサイト＞
オンラインでの講座や、相談窓口としてのコンシェルジュサービスなどを実施。「評価をしない評価制度」をマスターするための研修講座なども用意。

◎株式会社MillReef（ミルリーフ）
https://millreef.co.jp/
＜「Ａ４一枚評価制度」「評価をしない評価制度」などの中小企業向け人事制度の導入および運用支援サービス＞
「会社ルールブック」という組織活性化ツールの導入サービスや、企業研修、セミナーなども行なう。

◎社会保険労務士法人HABITAT（ハビタット）
https://habitat-sr.jp/
＜企業の労務サポートを行なう社会保険労務士法人の事業＞
●人事・労務相談などのアドバイス業務
●社会保険・労働保険等の諸手続きの代行業務
●就業規則や労務書式などの整備業務
●給与計算などのアウトソーシング業務

◎一般社団法人日本ＡＢＡマネジメント協会
https://j-aba.com/
＜ＡＢＡ（応用行動分析学）に関する研究や勉強会、企業コンサルティングの実施＞
●ＯＢＭ（組織行動マネジメント）の実践会の開催
●ＡＢＡ（応用行動分析学）のセミナー、研修などの実施

榎本あつし（えのもと　あつし）

社会保険労務士。株式会社MillReef 代表取締役、社会保険労務士法人HABITAT代表社員、一般社団法人行動アシストラボ代表理事、一般社団法人日本ABAマネジメント協会 代表理事、日本行動分析学会 会員。

1972年、東京都立川市生まれ。法政大学経済学部卒。大学卒業後、ホテルにて結婚式の仕事等に携わる。2002年、社会保険労務士試験合格。人材派遣会社人事部に転職後、2005年12月に社会保険労務士として独立。現在は、人事評価制度に関するコンサルタントとしての仕事を主要業務としている。ABA（応用行動分析学）の理論を用いた組織活性化業務を得意とする。

2015年に出身地の東京都福生市にオフィスを移転。妻と娘と猫2匹とともに、趣味の旅行と一口馬主を楽しみながら暮らしている。将来の夢は、猫のトレーニング会社の設立。

著書に『人事評価で業績を上げる!「A4一枚評価制度®」』『評価をしない評価制度』『自律型社員を育てる「ABAマネジメント」』『働き方改革を実現する「会社ルールブック®」』（以上、アニモ出版）がある。

「A4一枚」賃金制度

2019年12月10日　初 版 発 行
2023年10月15日　第 5 刷 発 行

著　者　榎本あつし

発行者　吉溪慎太郎

発行所　**株式会社アニモ出版**

　　　　〒162-0832 東京都新宿区岩戸町12 レベッカビル
　　　　TEL 03(5206)8505　FAX 03(6265)0130
　　　　http://www.animo-pub.co.jp/

©A.Enomoto 2019　ISBN978-4-89795-232-1
印刷・製本：壮光舎印刷　Printed in Japan

落丁・乱丁本は、小社送料負担にてお取り替えいたします。
本書の内容についてのお問い合わせは、書面かFAXにてお願いいたします。

アニモ出版　わかりやすくて・すぐに役立つ実用書

人事評価で業績を上げる!
「Ａ４一枚評価制度®」

榎本 あつし 著　定価2200円

人事評価を行なう一番の目的は「業績向上」。そのための人事評価の考え方から、シンプルな評価シートの作成・運用のしかたまでを徹底解説。小さな会社だからこそできる決定版。

人事評価制度の課題がこれで解消!
評価をしない評価制度

榎本 あつし 著　定価2200円

上司の負担も、部下の不満もなくなる画期的な評価制度の本。現実的な内容と、大胆に「評価」の要素を抜き取ったことからくるメリット、そしてこの制度の可能性をすべて大公開!

働き方改革を実現する
「会社ルールブック®」

榎本 あつし 著　定価2200円

就業規則を超えた、社員を動かすツールのつくり方から使い方までをやさしく解説。本当の働き方改革が実現し、職場風土がよくなり、社員の満足度も高め、生産性も向上する1冊。

自律型社員を育てる
「ＡＢＡマネジメント」

榎本 あつし 著　定価2200円

ＡＢＡ（応用行動分析学）を用いた人材マネジメント手法のノウハウとやり方を図解入りでやさしく解説。行動に直接働きかける次世代マネジメントを実践すれば業績もアップする。

定価変更の場合はご了承ください。